REBUILDING
B2B
영업전략

REBUILDING

B2B
영업전략

아무도 알려 주지 않는 영업의 비밀

김한균 지음

★ ★ ★

31년 경력
B2B 영업전문가의
핵심 비법 수록

우리는 영업을 제대로 하고 있을까?

4차 산업혁명 시대에 영업사원은 무엇을 준비해야 하나?
도약을 꿈꾸는 영업사원을 위한 현장 보고서

기업 성장을 위한 Rebuilding

스마트폰 출현 이후 우리가 살아가는 사회는 다양한 형태로 매우 빠르게 변화하고 있고 기업을 운영하는 많은 업체들도 그들의 의지와 상관없이 생존을 위해 변화와 혁신이 더욱 강력하게 요구되는 사회에 우리는 살고 있다. 특히 4차 산업혁명을 기반하는 많은 신생기업의 출현으로 기존 전통 B2B 제조업체와 B2C 서비스 업체에 직접적, 간접적 영향을 주어 생존을 위한 종전과 다른 형태의 혁신 방안을 스스로 마련해야 하는 현실이다.

우리는 IMF 시절 많은 기업들이 생존을 위해 재무적 관점에서 인력감원, 경비축소, 신규사업 중단 등 방식으로 기업 구조조정을 실시했으나, 경기 회복기에 이런 방식이 오히려 성장 동력을 저해한 경험을 가지고 있다.

재무적 관점에서 변화와 혁신이 오늘날 환경에 적합한지 의문이 든다. 현재 출현하고 있는 많은 혁신기업들은 새로운 성장 동력을 발굴하여 과거와 다른 새로운 형태의 제품과 서비스를 소비자와 시장에 제공하면서 새로운 시장을 창출하고 있고 무섭게 기존 시장을 잠식하고 있다. 반면 기존 업체들은 과거 방식과 사고 틀에서 판단하고 부적절한 결정을 함으로써 시장에서 외면을 받고 있다.

기존의 재무적 관점과 다른 기업 성장 방안에 대해 이제 여러분과 함께 논의하고자 한다.

기업의 Rebuilding은 기업 구조조정과는 다르게 기업이 현재 보유하고 있는 자원을 최대한 활용하여 ① 사회적 변화에 대한 사전 대응 ② 대내외적 환경 변화에 대한 Risk 강화를 목적으로 한다. 기업 실적 측면에서 3가지 유형의 기업을 가정해 보자.

- A형 업체: 고속 성장 업체(5년간 350% 이상 성장)
- B형 업체: 저성장 업체(5년간 15% 성장)
- C형 업체: 하향 업체(5년간 -20% 성장)

세 부류 업체 가운데 기업 성장을 위한 Rebuilding이 필요한 업체는 누구일까? 4차 산업혁명 시대에는 주변의 기업 환경이 변하고 있기 때문에 기존 방식으로 생존이 보장되지 않는다. 모든 유형의 업체가 스스로 Rebuilding 작업을 해야 한다.

A형 업체는 스스로 Rebuilding 작업을 진행 중이며, B형 업체는 빠르게 Rebuilding 실시해야 하고, C형 업체는 시간적으로 많이 지체되었으나 긴급히 개선 작업을 실시해야 한다.

A형 업체의 특징은 시장의 변화가 매우 빠르고, 제품 또는 서비스의 Life cycle이 매우 짧다. 신제품 개발 및 새로운 서비스를 출시한 이후에도 제품 개발 Road Map에 의해 바로 Upgrade 작업에 들어간다. 시장 참여자가 적지만 참여자 간에 경쟁이 매우 치열하여 시장 지배력을 높

이려 하기에 스스로의 만족을 최대의 적이라고 인식하고, 기업 스스로 생존을 위해 Rebuilding 작업을 진행하고 있으며, 경쟁사와 우위를 점하기 위해 핵심 인력 확보와 인재 양성에 많은 투자를 하고 대규모 설비 증설에 의한 규모의 경제 실현과 매년 연구개발에 많은 자금을 투여한다. 전 사원이 이러한 활동에 적극적으로 동참하며 국내시장을 넘어, 초일류 기업을 지향하고 있다. 이와 같은 기업은 미국의 애플, 아마존, 구글, 테슬라, NVDA, ASML, 중국의 알리바바, 바이두, 텐센트 같은 기업이다.

B형 업체의 특징은 사업환경의 변화가 적고, 오래전에 개발한 제품을 현재까지 생산, 판매하고 있고 신제품 개발이 미진하며, 인적 구성원의 변동이 적고, 신규인력 충원이 부족한 상태다. 빠른 시일 안에 Rebuilding 작업이 필요하다. 단계적 목표를 설정하고 먼저 해야 할 것을 선정해 집중해야 한다. 기존의 Frame에서 벗어나 새로운 관점, 즉 시장과 고객 관점에서 생각하고 무엇을 해야 할지 고민해야 한다.

C형 업체의 특징은 최근 5년간 하향 성장 기업으로 사업환경 변화에 적응력이 부족하며, 인력의 정체가 심하며 새로운 인력충원이 없는 상태이다. 전반적인 회사 분위기가 처져있고 패배 의식에 사로잡혀있다. 경영진은 예전의 경영 방식을 고수하고, 문제 원인을 내가 아닌 시장이나 환경으로 생각한다. 5년간 정체의 의미는 시장에서 외면을 받고 있다는 것이다. 시장에서 외면받고 있는 사실을 수용하고 빠른 시일 내에 조직과 사업에 관한 전반적 점검 후 전사적 Rebuilding 작업을 실시하고서 해야 할 것과 버릴 것에 대한 정립을 마련해야 한다.

과거 우리나라 기업 환경은 첫째, 잘살아 보고 싶은 모든 국민의 열망. 둘째, 엘리트 관료에 의한 국가주도 경제개발 계획. 셋째, 대외적으로 브레이튼 우즈 체제하에서 개도국의 특혜 등등 이러한 세 가지 요인으로 성장했으나 지금은 인공지능, 빅 데이터 경제, 사물 인터넷, 자율주행차 등 산업 전반에 4차 산업혁명의 영향으로 기업은 더 이상 과거의 방식과 행동으로는 존립이 어려운 현실이다.

자금, 기술, 인력이 부족한 B, C 유형의 기업이 어떻게 조직과 인력을 변화시키고 혁신시켜야 할지 영업과 관련하여 다양한 관점에서 제안하려 한다.

흔히 영업사원을 회사의 꽃이라고 말한다. 회사는 많은 구성원의 노력에 힘입어 회사가 사회에 제공할 재화와 서비스를 시장에 제공하고 이에 상응하는 경제적 보상을 얻게 하는 역할과 행동이 영업이다.

영업활동을 수행하는 것이 영업사원이다. 우수한 영업사원이 많을수록 좋은 영업성과를 얻을 수 있다. 모든 구성원의 역량이 다 우수하지는 않다. 역량이 선천적으로 뛰어난 소수의 직원이 있지만 대부분 평범하다. 이런 경우에는 누군가에게 도움을 받거나 스스로 노력을 해야 한다. 만약 선배나 상사의 조언과 일의 결과에 대한 Feedback을 받을 경우 영업사원의 역량은 향상되고 우수 영업사원으로 한발씩 다가갈 수 있다. 현실에서는 시간적 문제로 선배와 상사에게 그런 도움을 받지 못하는 경우가 많다. 회사가 이 부분에 대한 부족함을 교육으로 채워 주어야 한다. 그것이 인재 양성이다.

회사는 직원의 업무능력 향상을 위하여 교육부서가 주관하에 직무교육, 직능교육, 직급교육, 단체교육 등 다양한 교육을 제공한다. 영업사원을 대상으로 실시되는 교육은 제품 지식교육과 고객 응대 방법, 정신교육을 주로 한다. 제품의 기본지식이 있어야 고객과 대화가 가능하고, 현장에서 문제를 발견하고 상황 대처를 위한 기본 교육이다. 그러나 이러한 교육이 영업사원의 역량을 향상시킬 수 있을까? 현장에서 적용 가능한 교육인가? 의문을 갖는다.

진정으로 영업사원이 희망하는 교육은 무엇일까? 생각해 보자. 영업현장은 획일적이지 않고 다양한 고객이 존재하고 고객마다 요구사항과 문제도 각양각색으로 나타난다. 영업사원이 요구하는 교육은 현장에서 적용할 수 있는 교육을 필요로 한다. 현장에서 얻는 정보를 분석하고 판단하여 최종적 의사결정에 도움을 줄 수 있는 시장 전문가 중심의 교육을 원하고 있다.

옛날에 전쟁 수행 시 장군이 뚜렷한 전략 수립도 없는 상태에서 병사들에게 "저 앞의 성을 함락하라! 보이는 적을 섬멸하라! 우리는 이 전쟁에서 승리해야 한다!"라고 명령을 내리면 과연 병사들이 전쟁에서 역할을 제대로 수행하고 승리할 수 있을까? 전쟁을 수행하기 이전에 평소에 병사들을 훈련시키고, 사전에 적의 지형과 적군의 사기, 적 장수의 장단점, 보유 자원과 날씨 등 외부적 요인도 살피고서 적을 섬멸하기 위한 전략을 수립해야만 전쟁에서 승리할 가능성이 높다.

영업현장에서 전략 없이 영업의 리더가 영업사원에게 "많이 팔아라! 이익을 창출해라! 거래선 개발을 열심히 해라! 하면 된다! 영업은 목표의식이 있어야 한다! 고객에게 친절하게 하라!" 등 이처럼 방향성도 없고, 전략도 없는 상황에서 정신교육과 대면예절을 강조한다고 영업사원의 역량이 향상되고 기업의 성과창출이 될까? 과거 생산보다 수요가 많은 시절에는 가능했다. 지금은 이와 같은 방식은 더 이상 적용되지 않는다. 오늘날에 고속 성장 중인 일류 기업은 경영자가 앞으로 나아가야 할 방향성을 먼저 제시하고 각자에게 역할을 뚜렷이 부여하여 새로운 가치를 찾아 새로운 시장을 발굴하고 있다. 반면 방향성 제시도 없는 상태에서 과거 방식으로 사고하고, 일을 반복적으로 하는 기업들도 의외로 많다.

영업사원들 누구나 역량을 향상시키고 우수 영업사원이 되기를 희망한다. 그러나 현실은 누구도 뚜렷하게 알려 주지 않고 있다. 이와 관련된 책자도 없고 정보도 없는 실정이다.

이 글에서는 31년간의 해외영업, 구매, 해외법인, 국내영업 등 영업현장 경험을 바탕으로 발생할 수 있는 다양한 상황에서 영업사원이 무엇을 검토하고 의사를 결정해야 하는지 여러 가지 사례와 대응 방안을 제시했다. 여러분이 올바른 판단과 의사결정에 도움이 되었으면 한다.

또한 영업사원 역량 강화방안과 회사 입장에서 영업전문가 양성방안 그리고 효율적 영업조직 운영방안을 구체적으로 제시하여 4차 산업혁명 시대에 여러분 분야에서 변화와 혁신을 주도하는 기업으로 거듭나길 희망하며 글을 쓴다.

목 차

4장. 효율적 접대 방안

5장. 고객 방문

6장. 환경 변화의 대응 방안

7장. 고객이 원하는 서비스?

8장 우수 영업사원이란?

9장 영업전략 수립방안 (개정판)   Coming soon

1장

영업이란
무엇인가?

영업의 사전적 정의는 완성된 제품을 상품화하는 과정 또는 영리를 목적으로 사업을 수행하는 것이다. 영업은 수요자의 욕구와 공급자의 재화 또는 서비스를 연결하여 주는 행위다.

1. 관리영업과 개발영업

영업활동을 하는 행위는 크게 두 가지로 분류되며 관리영업과 개발영업으로 나누어진다.

관리영업이란 기존 고객을 유지하기 위해 판매관리, 채권관리, 기술서비스, 홍보관리 등 고객을 관리하는 영업행위다.

개발영업이란 신제품을 만들어 고객에게 소개하거나, 고객의 요청에 의해 개선된 제품과 새로운 서비스를 고객에게 소개하며 접근하는 영업행위다.

거래선이 개발되는 과정은 다음과 같은 절차에 의해 진행된다.

① 기존 제품을 새로운 고객에게 소개 → 고객 점검 → 품질 만족 → 공급선 등록 → 정기적 제품 공급 → 영업사원 정기적 방문

② 고객·시장에서 개선 또는 개발 요청 접수 → 내부 회의를 통한 가능성 검토 → 신제품·서비스 개발 → 고객의 신제품·새로운 서비스 검증 → 품질 만족 → 공급선 등록 → 정기적 제품 공급 → 영업사원 정기적 방문

③ 업체가 신제품 개발 → 고객의 신제품·새로운 서비스 검증 → 품질 만족

→ 공급선 등록 → 정기적 제품 공급 → 영업사원 정기적 방문

거래선 개발은 기존 제품의 새로운 고객 확보와 신제품의 새로운 수요처 확보방안이 있다.

신제품은 고객의 불만 또는 개선 요청에 의해 다시 탄생되며, 기업이 스스로 연구개발하여 탄생된다. 이후 고객의 최종 평가를 거쳐 상품화된다.

개발영업은 개선된 제품과 신제품을 수요처에서 점검하고 공급 완료되는 시점까지 영업행위다. 이후에 정기적으로 제품이 공급되도록 유지하는 행위가 관리영업이다.

2. 관리영업과 개발영업의 장단점

1) 관리영업의 장점

관리영업의 장점은 신뢰성 구축, 정기적 판매 실석, 사내에서 좋은 평가다. 영업사원은 고객이 제품을 사용하는 데 있어 편의성을 제공하며 고객에게 신뢰를 얻는다. 이런 신뢰성을 바탕으로 고객의 발주를 받고, 발주된 물량을 근거로 구매, 생산, 물류, 재무 부문이 업무 활동을 시작한다.

영업부서의 발주 물량에 의해 관련 부문은 업무를 진행할 수 있어 영

업부문에 대한 우호적 인식을 가지며, 우수한 영업성과를 내는 영업사원은 "어느 영업사원은 열심히 일을 한다"와 같이 사내에서 좋은 평가를 받으며, 상사로부터 인정을 받아 조기에 승진할 기회를 부여받는다.

2) 개발영업의 장점

개발영업의 장점은 미래 지향적 업무이며, 회사의 미래 성장에 기여할 수 있다. 현재까지 판매 기록은 없지만, 미지 시장에 신제품을 판매할 경우 또는 기존 제품의 새로운 시장을 발굴하여 판매로 연결시킬 경우 기존 매출 규모에 추가하여 회사의 외형적 성장이 가능하다.

그래서 많은 기업이 미래 먹거리 발굴을 위해 미지 시장과 신제품 개발에 주력을 하고 있다. 기업의 미래 성장 동력원 개발을 위한 신규사업은 일종의 개발영업이고 성공적으로 완료될 경우 성장이 보장된다.

3) 관리영업의 단점

관리영업의 단점은 현재 지향적, 천수답 영업, 위기의식의 결여다. 현재 지향적 업무로서 기업 주변 환경이 변할 경우 즉각적으로 대응이 어렵고, 현재 실적은 나의 노력에 의한 결과물이라기보다 과거 선배의 노력에 의한 결과물이고 또한 나의 노력과 상관없는 고객사의 노력에 의한 영업실적이고, 시장 수요 변동에 의해 발생한 것이다.

만약 외부 환경의 변화로 인해 고객의 영업활동에 타격을 받게 되면 즉각 영향을 받게 된다. 영업사원의 특별한 노력 없이도 고객의 노력에 의해 실적이 발생 가능하며 이러한 행위에 익숙해질 때 기업은 위기의식이 결여되고 커다란 위기를 맞이할 수 있다.

관리영업은 수요처를 가장 중요하게 생각해 영업활동 시 대면영업에 집중한다. 영업전략을 세워 대응하기보다 대면영업에 집중하기에 영업사원의 사고능력을 함양하는 데 한계가 있다.

4) 개발영업의 단점

개발영업의 단점은 실적이 없고 시간적 제약, 높은 사내 충돌 가능성과 높은 실패 가능성이다. 신제품 또는 신시장을 개발하기까지 많은 노력과 시행착오와 시간을 요구한다. 회사의 많은 노력과 상대방의 신제품에 대한 요구조건이 부합되지 못하면 판매로 연결되지 못하고 요건이 충족될 때까지 계속 진행돼야 한다. 성공의 확률보다 실패 확률이 높다. 특히 새로운 성능의 제품을 요구할 경우 사내의 연구부문과 공동으로 일을 진행하는 과정에서 많은 의견충돌이 발생하며, 많은 참여 인원이 좌절과 실패를 하면서 갈등 관계가 발생하기도 한다. 영업사원의 의지가 약하면 실패를 경험하면서 참여자들이 스스로 포기하기도 한다.

일반적으로 회사는 영업실적을 가지고 영업사원의 인사평가를 실시하고, 이때의 인사평가가 영업사원의 개인소득에 영향을 미친다. 이런 이유로 영업사원이 개발영업에 많은 시간을 투여하지 못한다.

회사를 운영하는 데 있어 현재와 미래를 항상 염두에 둬야 한다. 관리영업은 현재 상태를 유지하기 위해 필요하다. 관리영업을 기반으로 미래를 위해 개발영업에 적절한 인력을 반드시 투여해야 한다. 기업의 상황에 맞게 개발영업에 많은 관심과 인력 투여를 하면 지금 상황보다 더 좋은 결과를 얻을 수 있다고 생각되어 조심스럽게 권하여 본다.

5) 생각해 보기

이제부터 독자와 여러 가지 예제와 사례를 보고 함께 풀어 가길 바란다. 단 예제와 사례를 읽고서 5분간 스스로 생각하고 책장을 넘기기를 권한다. 생각을 안 하고 대응 방안을 볼 경우에 결코 독자의 것이 될 수 없다. 제시된 예제나 사례를 반드시 5분간 먼저 생각하길 빌며….

(1) 예제1

만약 여러분이 한 기업의 영업임원으로 부임했다고 가정해 보자. 이때 영업팀장이 전반적인 영업 상황과 실적을 보고하면서 "우리는 10년간 국내시장에 공급을 하고 있고 국내고객 대부분을 알고 있으며 현재 많은 거래선과 거래를 하고 있습니다. 현재는 더 이상 신규 개발이 어려운 실정입니다"라고 하였다.

질의사항

Q1: 영업팀장의 보고를 받고 당신은 어떤 느낌이 들었습니까?

Q2: 보고를 받은 이후에 당신은 어떤 행동을 하겠습니까?

정체된 회사에서 나타나는 일반적 현상이다. 이런 경우 경영진은 참으로 곤란하다.

(2) 예제2

기존 고객 가운데 K 대형 수요처가 있다. 최근 5년 동안 동일한 제품을 공급하고 있고, 품질 문제도 전혀 없고, 매월 안정적으로 발주를 하고 있다. 회사 입장에서 K 대형 수요처가 매우 중요하다고 판단하여 영업부서에서 가장 고참이 관리를 하고 있다고 가정해 보자.

질의사항

Q1: 영업 담당자가 변경될 경우 영업실적에 영향이 있을까?

Q2: 신입사원이 관리하면 매출에 영향이 있을까?

Q3: 왜 능력과 경험 많은 고참이 관리해야 하나?

실제로 많은 기업이 대형 수요처를 중요하다고 판단하여 고참이 관리하도록 한다. 효율적 측면에서 과연 이런 방법이 최선인지 후에 다루기로 하자.

(3) 예제3

여러분의 회사 상황을 보고 답변해 보자.

질의사항

Q1: 우리는 현재 개발영업의 비중이 높은가?

Q2: 우리의 영업사원은 개발영업을 선호하는가?

Q3: 어떤 영업이 회사의 미래 성장에 도움을 주겠는가?

Q4: 개발영업을 위해 나와 회사는 어떤 노력을 하였는가?

Q5: 개발영업 활성화를 위해 나는 어떤 노력을 할 것인가?

우선 여러분 스스로 5분간 생각하고 답변해 보자. 우리는 바른 방향 선택을 위해 서로의 생각을 비교하면서 가장 좋은 최선의 안을 선택하면 된다. 정답은 없다. 하지만 선택에 따라 결과는 달라진다.

3. 개발영업이 부진한 원인

개발영업이 미래 회사성장에 도움을 줄 수 있다는 사실은 누구나 잘 알고 있다. 그러나 개발영업이 만약 부진할 경우 근본적 원인은 직원과 회사에 의해서 발생한다.

1) 직원에 의한 원인

직원에 의한 원인은 (1) 단기적 성과에 집중, (2) 구체적 실행 방법을 모름, (3) 자포자기의 경우 개발영업이 부진하다.

(1) 단기적 성과에 집중

영업사원은 매월, 분기별, 반기별 계획과 대비하여 실적보고 하고, 실적이 부진한 경우 때론 상사로부터 대응 방안을 요구받는다. 많은 기업이 핵심 성과지표(KPI, Key Performance Indicator)에 의해 개개인의 성과를 측정한다. 이러한 환경에서 영업사원은 단기 실적에 집중하는 구조적 문제를 안고 있다.

연말에 영업사원의 고과평가를 할 경우 해당연도 영업실적을 기준으로 평가한다. 매출량, 매출액, 영업이익, 성장률을 기반으로 평가하는데, 이때 평가 결과는 개인의 소득 및 보상과 직결된다. 이런 KPI에 의한 인사평가 구조하에서는 영업사원은 개인소득과 인사평가를 위해 단기적 성과에 치중하게 한다.

(2) 구체적 실행 방법을 모름

많은 영업사원은 누구나 좋은 영업성과를 창출하고 싶어한다. 선천적 재능이 있어 누가 지시를 안 해도 스스로 일을 처리하는 직원이 있으나 대부분 영업사원은 무엇부터 어떻게 진행할지 모르는 상태에서는 누군가에게 조언, 경험담, Feedback을 제공받는다면 그것을 응용하여 적용하면 스스로 발전 가능하다. 하지만 선배, 상사, 그 누구에게도 신규 개발 사례, 조언, 개발 경험을 제공받지 못하거나 회사가 영업사원에게 시장 전문가 교육을 제공하지 못하면 효율적 개발영업활동을 할 수 없다.

(3) 자포자기

개발영업 진행 시 관련 부문의 협조를 필요로 한다. 과거 연관된 기술, 구매, 생산부문에서 협조를 얻지 못했거나, 또는 동료, 상사의 무관심으로 이미 다수의 실패 경험을 체험하였을 경우에 직원의 개발 의지는 상실되고, 우리 회사는 여건상 안 된다고 단정하고 포기하는 경우가 많다.

2) 회사에 의한 원인

회사에 의한 원인은 ⑴ 근본적인 성장 의식결여, ⑵ 관리영업에 안주, ⑶ 전략적 목표 부재, ⑷ 영업사원 교육 부실·부재 등 이러한 경우 개발영업이 부진하다.

(1) 근본적인 성장 의식결여

현재의 제품과 서비스로도 충분히 성장 중이고 향후에도 계속 성장할 수 있다고 낙관적인 생각을 하고, 회사 정책을 결정하는 경영진이 위기의식을 전혀 느끼지 못할 때 위기는 시작된다.

성장은 그냥 이루어진 것이 아니라 노력의 결과로 이루어진다. 위기 상황은 전혀 예측하지 못한 상황에서 발생한다. 국내 경쟁사, 해외 경쟁사, 대체재, 정부 행정 정책, 환경 정책 등에 의해서도 영향을 받는다.

5년 전과 바로 지금을 비교하여 보라. 많은 것이 변했다. 앞으로 5년 후는 지금보다 세상은 크게 환경이 변할 것이다. 우리가 그런 시대에 살고 있다는 것을 경영진이 누구보다 먼저 인지해야 한다. 이런 환경 속에서 지금과 다른 방식으로 할 수 있는 것이 무엇인지 고민하고서 변화와 혁신을 시도해야 한다.

(2) 관리영업에 안주

사계절을 생각해 보자. 지금 풍요로운 가을에 있다면 시간이 멈춘 채로 항상 가을에 머물 수 있을까? 갑자기 겨울의 동장군이 다가오면 그 풍요로움을 누릴 수 있을까? 기업의 환경은 사계절과 같아서 언제든 변할 수 있다. 나의 의지와 상관없이 변한다. 현재 실적에 취해서 스스로 만족하고 쉬운 길만 걸을 때는 지금은 편해도 언젠가 어려움을 겪게 된다. 그것이 세상의 이치이다. 어제, 오늘, 그리고 내일도 항상 환경이 변화하지 않을 것이라는 긍정적 믿음하에 동일한 사고로 반복적 업무를 수행할 것인가?

현재 실적에 만족할 것인가? 주변의 많은 것이 변화하고 있는데도 불구하고 아무런 변화와 노력을 안 한다면 차가운 동장군이 여러분을 기다릴 것이다….

긍정적 사고는 "무조건 잘될 거야!"가 아닌 "노력하면 우린 잘될 수 있을 거야!"다.

(3) 전략적 목표 부재

회사가 성장을 하려면 신성장 동력 엔진이 필요하다. 성장 동력을 어떻게 발굴하여 어떠한 방향으로 진행힐지, 이때 무엇부터 회사 역량을 집중해서 회사가 가용할 인력과 자본, 기술, 영업 등을 투여할지 고민하고서 전략 목표를 수립하고 단계적 목표를 설정하고 진행해야 한다.

주요 영업전략을 실무팀장에게 요구하는 경영진도 있다. 20년 이상 영업부문에서 장기 근무했으니 새로운 영업전략은 언제든 제시할 수 있어야 한다고 말한다. 그러나 미래 지향적 개발영업은 명확하지 않고, 실패 가능성도 높고, 어떤 방향으로 가야 될지 불투명하다.

조직에 몸담고 있는 모든 인원을 참여시키고, 앞으로 나아갈 방향성과 전략적 목표 제시는 바로 경영진의 임무이고 사명이다. 설사 팀장이 제시를 한다 해도 업무추진 과정에서 타 부문과 많은 의견충돌이 발생하기도 한다. 이때 경영진이 이견 조율과 방향성을 제시하고 나아가야 성공 확률이 좀 더 높아진다.

(4) 영업사원 교육 부실·부재

대기업을 제외한 일반 중견기업, 중소기업의 경우 영업사원의 교육이 매우 부실한 상태이다. 입사 후 영업사원 교육은 통상적으로 제품교육, 업무 진행 과정에서 필요한 행정업무교육, 대면예절교육을 받게 된다. 때론 '우린 할 수 있다'는 구호 아래 외부 강사를 초빙해서 정신교육을 받기도 한다. 여러분은 이런 교육이 영업현장에서 영업활동에 얼마나 도움이 된다고 생각하는가? 교육 주관 부서에서 교육 종료 이후에 교육자에게 설문지를 돌리고 교육에 대해 평가를 한다. 당연히 교육자들은 대부분 괜찮다고 한다. 영업사원들 다수가 이와 같은 교육이 현장에서 도움이 된다고 생각할까? 설문조사 결과를 믿으면 안 된다.

영업사원이 진정으로 원하는 것은 실전형 영업교육이다. 영업은 개인 능력에 따라 성과 차이가 있다. 직원 선발 시 유능한 인재라고 선발했지만, 실제 현장에선 기대에 못 미치는 게 현실이다. 그렇다면 개개인의 역량에 의존하기보다, 전체 영업사원의 역량을 먼저 높이도록 하면 회사의 성과는 더욱 좋아지지 않을까? 많은 거래선은 획일적이지 않아 상황별로, 담당자별로, 구매 정책에 따라서 다양한 대처 방법이 요구된다. 개발영업 시 불확실한 상황이 너무 많이 발생한다.

현장에서 적절한 대응을 위해 기업은 영업사원들에게 필요한 역량 향상 교육을 먼저 제공해야 한다. 이 부분은 뒤에 8장에서 논의해 보자.

4. 영업분야별 필요 성향

인력 투여 시 반드시 직원이 그 업무에 적합한지를 살펴보고, 이후 적합한 인재를 투여해야 좋은 효과를 볼 수 있다. 여러분 회사의 영업사원을 살펴봐라. 영업사원 모두가 획일적 성향이 아닌 다양한 성향을 지니고 있다. 여러분 회사는 어떤 방식으로 영업사원의 업무를 분장하는가? 인원이 결여 시 부족한 인력의 공간을 메우기 위해 성향과 상관없이 인력을 투여하기도 한다.

관리영업과 개발영업에는 각각 다른 성향이 요구된다. 성향에 따라 관리영업에 적합한지, 개발영업에 적합한지를 판단하고 적합한 업무를 부여할 때 더욱 효과적이다.

1) 관리영업의 성향

관리영업에 적합한 성향은 우수한 친화력, 우수한 청취력, 여유로운 성향이다. 상대방에게 우선 친화적인 느낌을 주고, 나의 주장을 먼저 말하기보다 구매자의 말을 잘 청취해야 된다.

이때부터 상대방에게 영업사원은 우호적 인상을 받게 된다. 때론 구매자가 일방적 조건을 제시해도 여유로운 모습으로 상황에 대처해야 우호 관계가 유지되고 신뢰를 쌓을 수 있다. 신뢰는 내가 쌓는 것이 아니라 상대가 나에 대해 느끼는 것이다.

관리영업에 부적합한 성향은 급한 성격과 열정적 성향이다. 구매자가 일방적 조건을 제시할 경우 급한 성격과 열정적 성향의 영업사원은 관계 유지를 위해 사내 관련 부문의 규정과 원칙을 무시하고 빠르게 일 처리를 요구하기도 한다. 이 경우 갈등 문제가 발생한다. 여유로운 성향은 그러한 조건 제시를 받더라도 즉시 대응하기보다 상황을 설명하고 업체와 조율하거나, 사내 관련 부문에 업무 협조를 요청하며 처리한다.

열정적 성향은 반복된 업무에서 자신의 역할에 대해 스스로 회의를 느낄 수 있고, 자긍심과 만족감을 느끼지 못할 수 있다. 집중할 수 있는 새로운 과제나 목표를 부여할 때 그들은 흥미를 갖고 역량을 발휘하려 한다.

2) 개발영업의 성향

개발영업에 적합한 성향은 본인의 의지가 확고하고, 열정이 넘치며, 호기심이 많은 성향이다. 신제품, 신시장이 개발되기까지 많은 시간과 노력이 필요하다. 의지와 열정이 있어야 이러한 난관을 스스로 사명감을 가지고 극복하려 한다.

일을 추진하는 데 있어 약간의 가능성만 있어도 시도를 한다. 호기심이 많아서 무엇이 문제인지, 어떻게 시도하면 될지 고민하고, 본인 역할을 스스로 설정하고 나아간다. 만들어진 일이나 반복된 업무보다는 본인이 스스로 만들기를 좋아하고 자신이 이룩한 성과에 만족하는 유형이다.

개발영업에 부적합한 성향은 책임을 회피하는 성향과 결단력이 부족한 성향이다. 업무 처리 시에 책임지기를 싫어하는 유형은 실패를 가장 두려워한다. 실패가 두려워 상황을 회피하려고 하고, 애초에 시도조차 안 하려고 한다. 일을 추진하여도 실패가 무섭고, 두려워서 일하는 척만 한다. 결단력이 부족하면 결정을 유보한 상태에서 더 많은 정보를 찾으려고 하여 귀중한 시간을 잃어버리기도 한다.

부적합한 성향의 인력을 개발영업에 투입하고 좋은 결과를 기대할 수 있을까? 종전에 개발영업을 시도해도 좋은 성과가 없는 경우 투여된 인력의 성향이 부적합하여 발생한 것일 수도 있다.

사람에 따라 동일한 일을 수행해도 결과는 차이가 발생한다. 많은 사람들이 모두 실패한 일을 어떤 사람이 처리하면 쉽게 해결되기도 한다. 그 이유는 무엇일까? 바로 사람마다 성향과 능력의 차이가 존재하여 업무 수행 시 결과가 다르게 나타나기 때문이다.

개발영업은 앞서 언급한 것처럼 매우 어렵고 실패의 가능성이 높다. 허나 개발영업은 완료 이후, 기업에 추가적 성장을 보장한다. 이런 이유로 인해 잘나가는 많은 기업들은 언제나 새로운 제품, 새로운 시장 개발에 집중하는 것이다.

이번 기회에 영업사원에 대한 성향을 분석하고 적합한 역할을 부여하고 실행해 보면 어떠할지 조심스럽게 권유한다. 시간이 경과할 수록 이와 같은 효율적 인력 관리 방법이 더 나은 성과창출 결과물을 제공할 것이다.

5. 제품별 영업형태의 차이

제품별로 영업형태의 차이가 존재한다. 철강, 석유화학, 기초소재 제품의 특징은 대규모 생산을 전제로 대형 설비, 많은 자금 투여가 필요하다. 초기에 대규모 지금 투여가 필요한 만큼 이것이 진입장벽으로 작용하여 시장의 참여자가 적다. 회사 간에 품질 차이가 매우 작고, 사용자 측면에서 품질 차이로 인해 제품을 구매하는 것이 아니라 가격 경쟁력이 구매의 핵심 요소이고 가격이 영업의 성과에 Key point가 된다.

성장을 위한 영업전략은 규모의 경제를 달성하기 위한 증설, M&A를 시행하고, 수요가 적은 국내보다 해외시장 발굴을 통한 수요를 창출하려고 한다. 또한, 미래 먹거리를 위해 후방산업 또는 대체 에너지 분야 진입 하려고 기술개발에 역점을 둔다.

기계설비, 정밀화학 분야는 동일한 제품이라도 시장에서 요구하는 물성의 요구가 다양하게 존재한다. 공급자는 이러한 물성 요구를 충족하고자 수요처가 요구하는 다수 제품을 보유하고 있다. 업체별로 품질 차이가 존재하며 이런 차이가 시장 지배력에 커다란 영향을 미친다. 기간 산업에 비해 적은 자본이 들기 때문에 기술이 있는 많은 새로운 신규 참여자가 쉽게 진입이 용이하며, 시장에서의 경쟁이 매우 치열하다. 영업의 주요 경쟁력은 품질 경쟁력이다. 많은 회사들은 품질 차별화, 고급화를 통해 신규 시장을 개발하려고 시도한다.

영업의 주요 형태는 거래선을 관리하는 관리영업과 미래 성장을 위한 개발영업을 병행하고 있다.

이처럼 동일한 업종이라도 영업형태에 따라 다른 영업전략을 전개해야 한다. 예를 들면, 석유화학업체와 정밀화학업체, 철강업체와 제강업체의 영업형태와 영업전략은 다르게 전개해야 한다. 시장의 구조와 요구조건이 전혀 다르기 때문에 그 분야에 적합한 영업전략이 필요하다. 만약 중견 정밀화학기업에서 성장과 혁신을 위해 기초 석유화학업체에서 근무한 대기업 영업중역을 영입하는 경우를 가정하여 보자. 새로 영입된 영업중역이 성공적인 결과를 얻으려고 한다면 어떻게 해야 할까? 무엇보다 먼저 전혀 다른 시장구조를 이해하고 영업환경에 적절한 변화를 시도해야 성공 가능성이 높다. 반면에 전혀 다른 시장구조를 무시하고 전에 근무하였던 방식을 적용하면 실패 가능성이 높다.

TV 예능 프로그램 중 〈뭉쳐야 찬다〉를 보면 각 분야에서 최고의 운동선수를 모아 놓고 축구를 한다. 그들은 야구, 농구, 배구, 사격, 수영, 태권도 등 다양한 분야에서 최고 기량을 지닌 운동선수였다. 운동선수라는 공통점은 있어도 축구 분야에서는 전문 운동선수는 아니다. 아마추어에 비해 운동신경은 발달되어 있으나, 만약 일정 수준까지 도달을 하지 못할 경우 나이 어린 중학생 축구선수에게도 무참히 지는 게 현실이다. 기업 운영도 마찬가지다.

어떤 기업이 우수인력 확보를 위해 헤드헌터업체를 통해 우수 인재를 영입해도 실패를 하는 경우는 바로 이 부분을 간과하여 발생한다.

영업분야에서 오랜 기간 근무한 경력, 학벌 좋은 경력자, 대기업, 외국회사 근무한 경력이 중요한 것이 아니다. 새로운 근무지는 이전 근무지와 전혀 다른 영업환경과 근무조건이 존재한다. 시장의 형태, 기업가치, 조직, 운영방법, 경영철학, 인적 구성원 등 많은 것이 다르다.

반드시 그 업종에서 어떤 혁신활동을 했고, 조건이 다른 분야에서 어떤 역할을 수행하여 조직에 변화와 혁신 계획안을 듣고, 개인 역량을 점검하고서 선발할 때 비로소 좋은 효과를 볼 가능성이 높다. 만약 그렇지 못한 경우는 우수한 인재라도 오히려 기존 조직이 보유한 우수한 역량과 장점을 와해시킬 수 있다. 헤드헌터는 단지 규격화된 인력을 소개하면 그것으로 역할은 끝난다. 실제로 현장에서 요구되는 인재는 화려한 경력 소유자가 아니다. 그 분야에서 새로운 변화와 혁신을 통해 시장에서 인정받고 회사를 성장시킬 수 있는 전문가다.

제품별 영업 형태의 차이

	특징	영업 Key Point	영업 형태	성장 영업전략
철강 석유화학 기초소재	대량 생산 동일한 품질 경쟁사가 적다	가격 경쟁력	관리 영업	규모의 경제 해외 시장 발굴 신규사업
기계설비 정밀화학 IT	다품종 다양한 요구 품질 차이 존재 많은 경쟁사	품질 경쟁력	관리 영업 개발 영업	제품 차별화 정책 신규 거래선 신규 제품 개발

✓ 동일한 업종이라도 영업 형태와 전략은 동일하지 않다.

6. 개발영업 활성화 방안

개발영업 활성화를 위해 대표이사를 비롯한 모든 직원이 함께 참여해야 한다.

1) 대표이사의 역할

조직생활에 있어 부하직원에게 가장 많은 영향을 미치는 것은 상사다. 상사가 어떤 분야에 관심을 갖게 되면 부하직원은 자연스럽게 그 분야에 관심을 갖고 개개인이 할 수 있는 역할을 스스로 찾는다. 국가의 대통령이 바뀔 경우, 회사의 CEO가 바뀔 경우 영향력이 매우 커서 취임 이후 많은 것이 변한다. 이처럼 상사가 바뀌면 관심 대상은 변하고 자연스럽게 부하직원은 상사 관심에 맞추어 업무 처리를 하려고 한다.

무엇보다 CEO가 회의 석상에서 공식적으로 개발영업에 관심을 다음과 같이 표명하면 된다.

대표이사의 개발영업 표명
- 개발영업 현황과 계획은 어떻게 진행되고 있습니까?
- 성장을 위해 개발영업에 더욱 분발해 주세요.
- 영업부문은 향후 매월 진척 상황을 보고해 주세요.
- 관련 부문도 개발영업의 활성화를 위해 적극 협조 바랍니다.

이후 영업부문 임원과 영업팀장은 모두 개발영업 활성화 방안에 다시 관심을 갖고 집중한다. 경영자의 관심 표명은 회사 전체에 동기부여가 될 수 있다.

2) 영업중역의 역할

영업중역을 중심으로 영업의 방향성을 재정립한다.

- 영업사원 성향 분석
- 거래선과 전략 제휴 가능성 조사 및 전략적 제휴 체결

- 기존 거래선과 연구 공동 협업 체계 구축
- 시장 변화 동향 파악(경쟁사, 전방위 산업 동향 등)
- 기존 활성화되지 못하는 원인 및 문제점 파악

직원 개개인의 성향 분석을 토대로 업무를 부여하고, 전략 Partner를 선정하고, 연구분야에서 기존 고객과 공동 협업을 추진 등 미래의 먹거리 발굴을 위해 새롭고 다양한 전략을 마련하려 노력해야 한다.

3) 영업부문의 역할

- 개발영업에 적합한 사원 발굴 및 육성
- 직원 성향과 역량을 분석하고 역할 부여
- 경험 많고 능력 있는 사원에게 어려운 과제 부여
- 전사적 개발영업 활성화 동참
- 영업사원의 직무 평가 방법 재고

과거 국가 간에 영토 확장을 목적으로 전쟁을 수행할 때 가장 유능한 장수를 선봉으로 적의 성을 공략하였다. 유능한 장수는 성을 점령한 이후에 그곳에서 머무는 것이 아니라 후임자에게 점령한 성의 관리를 맡기고 바로 다른 성을 공략하기 위해 이동한다. 어려운 전쟁수행은 신임 장수가 아닌 항상 경험 많고 유능한 장수가 이끌어야 전쟁에서 승리할 가능성이 높기 때문이다.

안정적인 대형 고객을 경험이 많은 고참직원이 관리하고 경험이 부족한 사원에게 개발영업을 하라고 요구하기도 한다. 이러한 영업조직 방식이 효율적인 운영 방법일까? 경험이 많은 고참직원을 배려하여 편안한 영업환경을 제공하지만 그들의 경험과 능력을 방치하는 것이다. 또한, 역량이 아직 부족한 사원에게 어려운 개발영업을 부여하여 좋은 성과를 기대하는 것은 매우 어렵다. 기업이 진정으로 개발영업을 활성화하려고 희망한다면 능력과 경험이 많고 개발영업에 적합한 고참직원에게 기존의 안정적 업무보다 어려운 목표와 과제를 부여하고 개발영업에 주력하도록 해야한다. 고참직원의 경우 경험이 부족한 사원보다 상황대처 능력과 사내의 타 부문과 업무협의를 효과적으로 처리할 수 있다. 기존의 안정적 업무와 고객관리는 사원이 수행하게 하여 경험을 얻도록 하고 만약 업체에서 문제가 발생하여 스스로 해결을 못 할 경우 고참직원이 사원에게 해결 방안을 알려주거나 때론 현장에 일시적으로 투여되어 문제를 해결하면 된다. 이러한 것이 효율적 영업 인력 관리다.

환경이 지금과 다르게 변화되면 우리는 어떻게 될까? 개발영업은 바로 유비무환(有備無患)이다. 개발영업이 성장의 의미도 있지만, 불투명한 기업 환경 속에서 만일의 사태를 대비하기 위한 것도 포함한다.

2장

영업사원의
역량

영업사원을 회사의 꽃이라고 말한다. 회사는 많은 구성원의 노력에 힘입어 회사가 사회에 제공할 재화와 서비스를 최종적으로 시장에 제공하고 이에 상응하는 경제적 보상을 얻게 된다. 앞서 언급한 것처럼 영업은 다양한 형태로 분류되고 분류된 영역마다 각기 다른 형태의 영업활동이 필요하다.

영업은 단순히 거래선에 가격을 제시 후 제품을 공급하고서 세금계산서를 발행하여 재무적 성과를 얻는 것이 아니다.

다양한 형태의 시장에서 다양한 다수 구매자, 연구원, 생산 현장의 사람과 접촉하면서 상황에 맞게 적절한 대처를 하고 외형적 성과를 창출해야 한다.

이런 역할수행을 위한 다양한 역량이 영업사원에게 필요하다. 지금부터 영업사원이 보유하여야 할 필수 역량에 대해 논의해 보자.

1. 영업사원의 기본 역량

회사마다 추구하는 기업의 가치가 달라서 획일적으로 규정하기는 매우 어렵다. 회사마다 각기 다른 영업방식과 영업사원에게 요구하는 역량이 다르게 존재한다.

1) 영업사원의 보유 역량

영업사원이 보유해야 할 많은 역량 가운데서 역할수행을 위해 (1) 이해력, (2) 언어 표현 능력, (3) 관찰력, (4) 사명감, (5) 책임의식이 필요하다.

(1) 이해력

고객과 대화할 때, 상대방이 어떤 관점에서 그런 말을 하고, 왜 그러한 표현을 하는지 살펴봐야 한다. 이때 상대방의 요구사항을 객관적으로 이해하고 전체 상황을 정확히 회사 내부에 전달하는 능력이다.

(2) 언어 표현 능력

고객 또는 회사에 상황을 잘 설명하고 전달하는 능력이다.

(3) 관찰력

사물이나 현상을 주의하여 자세히 살펴보는 능력이다. 고객 또는 전방, 후방산업의 변화를 유심히 살펴보고 이를 토대로 대응을 하기 위함이다.

(4) 사명감

주어진 임무를 잘 수행하려는 마음가짐(목표의식 표현)이다.

(5) 책임의식

맡아서 해야 할 임무나 의무를 중요히 여기는 마음이다.

2) 이해력과 언어 표현 능력

이해력과 언어 표현 능력은 영업사원에게 요구되는 중요한 기본 역량이다. 영업사원은 외부와 소통 창구로서 역할을 수행해야 하는데 만약 이해력과 언어 표현 능력이 부족할 경우 많은 문제가 발생한다.

이해력이 부족한 경우 회사 내부에 보고 시 문제가 있다. 영업현장에서 상대가 요구하는 상황을 전혀 다르게 해석하고, 회사에 보고 시 본인의 주관적 판단을 전달하는 경우에 회사는 잘못된 내용을 기반으로 잘못된 결정을 하게 되어 결과적으로 고객은 회사의 잘못된 결정에 불만과 오해를 하게 되는 상황이 발생한다.

언어 표현 능력이 부족한 경우 외부에 전달 시 문제가 발생한다. 고객에게 회사 방침과 상황을 잘못 전달하게 되면, 고객은 이를 오해하고 판단하여 전혀 예기치 못한 상황으로 전개될 수 있다. 이런 오해 발생은 오랫동안 양사가 쌓아 놓은 신뢰를 일순간에 무너뜨릴 수도 있다(외부와 소통 시 문제 발생 가능성이 높다).

또한, 영업사원은 외부 현장에서 많은 시간을 보내는데, 어떤 행동을 하는지 상사가 모든 것을 파악하기 어렵다. 문제가 발생 후 잘못된 상황을 인지하게 되고, 이후에 문제 해결을 하려면 많은 시간과 노력이 필요하다. 사람 관계는 표현력에 따라 가까워지고, 멀어지기도 한다.

이런 점에서 이해력과 언어 표현 능력은 영업사원의 중요한 기본 역량이다. 만약 영업사원 가운데서 이해력과 언어 표현 능력이 부족한 영업사원이 있다면 영업활동에 부적합하므로 타 부문으로 이동을 권유한다. 회사 내의 타 부문에서 근무할 경우 대화 내용을 상사나 동료가 확인하고 정정 가능하며 상대적으로 영업에서 근무할 때보다 문제가 덜하다.

영업사원의 이해력과 언어 표현 능력을 파악하기 손쉬운 방법이 있다. 그것은 보고서다. 좋은 보고서는 읽어 보면 바로 내용을 쉽게 파악할 수 있다. 반면에 부족한 보고서는 읽어도 무슨 내용인지 이해가 되지 않는 보고서다. 영업 담당자가 작성한 보고서를 자세히 살펴보고 이해력과 언어 표현 능력 수준을 파악하라. 이후에 현재 업무에 적합한지 부적합한지 고려하고 결정하면 된다.

관찰력, 사명감, 책임의식은 반복된 교육 훈련과 상사의 지도에 의해 향상 가능하다.

2. 영업사원의 역량과 조직 시스템과의 연관성

1) 조직 시스템과 직원

많은 리더들은 직원 개개인의 능력보다 조직 시스템을 중요시한다. 많은 부분에 공감한다. 회사에서 근무 시 여러분은 다음과 같은 비슷한 유형의 말을 청취한 경험이 있을 것이다.

① 필수 역량이 부족해도 회사는 돌아간다.

② 개발영업을 안 해도 성장에 지장이 없다.

→ 현재의 방식으로도 우리는 잘 돌아가.

③ 개인 능력과 상관없이 조직은 시스템으로 운영돼야 한다.

→ 회사는 한두 명의 유능한 직원이 없어도 돌아간다.

④ 역량이 부족한 사원이 회사에 미치는 영향은 적다.

여러분은 이 말에 대해 동의를 하는가? 이런 표현을 하는 분들은 우선 자기주장이 강하고, 회사에서 지위가 높은 고위 직급자가 이런 표현을 한다. 다른 시각으로 보면 자기방어적 표현일 수도 있다. 다르게 해석하면….

• 직원 역량이 부족해도 아무런 영향이 없어.

→ 내가 잘 이끌 수 있어, 현재 방식대로 잘 운영되니 걱정 마.

· 걱정 마!

→ 이번에 퇴사한 김과장 없어도 조직에 별로 영향이 없어. 우린 잘할 수 있어, 그게 회사 조직이야.

2) 조직 시스템과 직원 다른 관점 1

이러한 표현에 대해 부정은 않겠다. 하지만 우리는 좀 더 다른 관점에서 생각을 해 보아야 한다.

① 필수 역량이 부족해도 회사는 돌아간다.

② 개발영업을 안 해도 성장에 지장이 없다.

현재 시점에서는 맞다. 그러나 미래 관점에서 보면 분명히 성장의 제한 요소로 작용한다. 여러분은 필수 역량이 좋은 사람과 역량이 부족한 사람 가운데 누가 더 성과창출을 잘할 수 있다고 생각하는가?

당연히 필수 역량이 좋은 직원이 좋은 성과를 나타낸다. 만약 필수 역량이 우수한 직원이 개발영업을 할 경우, 현재보다 더 효과적으로 성과를 이룰 수 있다.

③ 개인 능력과 상관없이 조직은 시스템으로 운영돼야 한다.

→ 회사는 한두 명의 유능한 직원이 없어도 돌아간다.

회사에서 신입사원, 경력직원을 채용할 경우 면접을 본다. 면접 과정에서 지원자가 보유한 역량이 분야에 적합한지를 확인한 이후 채용을 한다. 그 분야에서 적합한 역량을 보유해야 조직은 더 효율적으로 운영되고, 그런 직원이 많을수록 보다 향상된 성과가 나타나게 된다.

'조직은 시스템으로 운영된다'의 의미는 회사가 규정하는 규범과 규칙을 준수하고, 업무 진행 시 업무규정에 따라서 처리하는 것을 말한다. 과연 언제나 개인의 능력과 상관없이 조직이 시스템으로 잘 운영될 수 있는지 좀 더 논의해 보자.

여러분 이해를 돕기 위해 두 가지 가정된 상황을 살펴보자.

3) 조직 시스템과 직원 예시

(1) 가정1

A 영업팀은 팀장 1명, 대리 2명, 사원 2명, 총 5명으로 30개 거래선을 관리하고 있고, 신규 개발을 위해 팀장 1명, 대리 2명의 인력을 투여하고 있다. 어느 날 핵심 대리 1명이 개인적 사정으로 퇴사를 하게 되어 불가피하게 신규 개발 일정에 차질이 발생하여 팀장이 중역에게 이 사실을 보고했다. 회사는 A 영업팀의 문제가 1명의 결원으로 일정 차질이 발생하는 것으로 판단하고 타 팀에서 대리 1명 충원을 결정했다.

중역은 "A팀은 기존에 5명이 업무 처리했으니 이번에 결원된 대리 1명을 충원할 예정입니다. 기한 내에 차질없이 신규 개발을 완료하세요"라고 주문하였다.

질의사항

Q1: 충원된 인력 보완으로 팀이 정상적으로 운영될까?

Q2: 개개인마다 능력의 차이가 존재할까?

Q3: 과연 팀장은 이 상황에서 일정대로 개발 가능할까?

Q4: 회사의 문제는 무엇인가?

이탈한 직원의 업무가 반복적이고, 예측 가능한 경우는 기존 조직 시스템으로 운영해도 문제는 적게 나타난다.

그러나 이탈한 직원의 업무가 전문성을 갖추고 판단력과 의사결정력을 필요로 한다면 기존 조직 운영 시스템에 의해 평소와 같이 처리 가능할까? 이탈한 직원이 전문가라면 영향이 없다고 과연 말할 수 있을까?

개인의 역량 차이는 존재하며 역량 차이에 따라 결과는 다르게 나타난다. 경력자 한 명이 결원 시, 문제 발생 가능성이 높고 결원 인원이 전문가라면 결과의 차이는 더욱더 커진다.

전문성의 업무는 판단력과 의사결정을 요구하며 이것은 조직 시스템과 인력 충원으로 결코 대체하지 못하기 때문이다. 판단력과 의사결정의 중요도를 인식하지 못하는 조직일수록 동일한 오류를 자주 범하고 문제의 원인을 다른 곳에서 찾는다.

많은 기업이 조직 시스템 운영을 채택하는 이유는 업무 효율성을 높이기 위해서다. 사회의 환경이 변화에 맞추어 기업 내부의 Process가 복잡해지고 그 업무가 더 복잡해지고 있는 현실이다. 그러나 관리를 위한 관리 업무가 새로이 증가되어 기업의 실제 성장에 저해를 주고 있는 현상이 발생하고 있다. 이것은 조직이 관료화 체제로 진행되고 있는 것이다. 혹시 관리를 위한 관리 업무가 늘고 있는 것은 아닌지 고민하고 한 번쯤 재고해 보길 권유해 본다.

- 조직은 시스템으로 운영 가능하나 개인 능력에 따라 결과는 달라질 수 있다. 판단력과 의사결정이 요구되는 경우 전문적 역량이 있어야 한다.

기업은 성장을 위해 우리 모두 우수 인재를 원하고 있다. 우수 인재는 과연 누구인가? 좋은 대학 출신이 우수 인재일까? 고득점 영어 성적을 보유한 사람이 우수 인재일까?

인재의 범위가 막연하다. 오늘날 기업이 진정 필요로 하는 인재는 주어진 반복된 문제를 잘 처리하는 인재보다 전혀 예상치 못한 상황에서 문제가 발생하였을 때 의문을 제기하고서 문제 해결 능력을 갖춘 인재를 요구한다.

만약 기존 시스템으로 문제 해결이 안 된 경우, 그럼 어떻게 해야 할까? 다시 질문 드린다.

(2) 가정2

한 병원에서 두 명의 의사에게 38도의 고열 환자가 병원을 방문하였을 경우를 가정해 보자.

A 의사는 환자에게 고열이 언제부터 발생하였는지, 몸의 자세한 증상을(콧물, 기침, 다른 통증) 확인하고 감기 증세가 없어 해열제 3일 치를 처방했다. 그러나 3일 후에도 상태가 호전되지 않아서 환자는 병원을 재방문했을 때 A 의사는 다시 해열제를 3일 치 처방하였다.

B 의사도 같은 유형의 환자가 방문 시 언제부터 발생하였는지 그리고 다른 몸의 증상을 확인하고 감기 증세가 없어서 해열제 3일 치를 처방하였다. 환자는 3일 후에도 상태가 호전되지 않아 병원을 재방문하였을 때 해열제로는 문제 해결이 안 된다고 판단했다. 고열의 원인은 크게 바이러스, 외부 상처감염, 내부 장기 염증으로 발생할 수 있다고 판단하고서 다시 환자 상태를 점검하니 몸에 염증이 있는 사실을 발견하고 염증치료제로 처방하여 환자를 치료했다.

질의사항

Q1: A 의사 행동에 잘못이 있는가?

Q2: B 의사와 A 의사의 차이점은 무엇인가?

Q3: 문제 발생 시 효율적 시스템 운영을 어떻게 해야 하나?

A 의사는 고열 발병 환자에게 해열제를 투여하라는 병원 절차에 따라 처방을 했다. 허나 병원이 규정한 방법으로 치료가 안 된 상태에서 동일한 방법으로 다시 해열제를 투여했다.

B 의사는 기존 병원 Process에 따라 처리했으나, 그 방법으로 해결이 안 될 경우 다른 시각으로 판단하고 해결 방안을 시도했다. B 의사는 스스로 자기 행동에 책임을 지기 위해 최선의 노력을 다하려고 한다. 이런 의사가 명의이고 전문의다.

A 의사가 잘못했을까? 아니다. 그는 병원의 운영 시스템에 따라 일을 수행한 것이다. 기존 방식으로 처리해도 해결이 안 되었을 때 동일한 방식으로 계속 문제를 접근했다. 그 결과 환자는 치료를 못 하고 계속 그

상태로 있을 것이다.

반면 B 의사는 기존 방식으로 문제 해결이 안 될 때, 다른 시각으로 문제 원인을 분석하고 새로운 해결 방안을 제시하고 실행했다. 새로운 시도가 바로 성공하지 못하고 실패할 수도 있다.

그러나 이런 실패는 실패가 아닌 경험적 실패다. 이런 경험적 실패를 바탕으로 재분석하고 도전해야 한다. 세상이 변하면 어떻게 운영 시스템을 개선할지 고민하고 시도해야 한다.

2020년 코로나로 인한 전 세계 팬데믹을 생각해 보자. 이때 정부가 팬데믹 사태를 대비한 사전 매뉴얼이 있었을까? 예측을 못 한 상황이 발생 시, 상황에 따라 다른 대처 방안을 계속 제시했다. 이처럼 운영 시스템의 개선과 보완도 바로 사람이 하는 것이다. 조직의 잘못된 시스템을 개선하는 것은 누구나 할 수 있는 것이 아니다.

예측 불가능한 상태에서 발생한 문제는 기존 운영 시스템으로 처리가 불가능하다. 이런 불가능한 문제를 처리하는 것은 비판적 사고를 갖춘 사람만이 문제 해결을 가능케 하고, 그게 바로 전문가다. 이들은 문제에 대한 상황 대처 능력 즉, 위기 대응 능력이 매우 뛰어나다. 그들은 기존의 방식으로 해결이 안 될 때 새로운 시각으로 문제를 해결하고 다시 조직 시스템을 향상시킨다.

오늘날 4차 산업혁명 시대에는 환경 변화가 매우 빠르게 진행되고 있다. 혁신과 변화를 주도하는 기업들은 현재 환경에서 초고속 성장을 하고 있다. 이런 사회의 변화 흐름에 맞게 생존을 위해 기업은 핵심인재를 중요하게 인식하고 교육시키고 전문가로 육성해야 한다.

많은 혁신기업은 소수 핵심인재에 의해 재성장하고 있다. 특히 4차 산업혁명 시대에 요구되는 핵심인재는 바로 문제를 해결할 수 있는 능력을 가진 인재, 즉 핵심전문가다.

4) 조직 시스템과 직원 다른 관점 2

④ 역량이 부족한 사원이 회사에 미치는 영향은 적다.

사원의 역량이 부족한 경우 초기에는 영향이 적을 수 있다. 초기에는 부여받은 업무량이 적고 업무 중요도가 크지 않기에 역량이 부족해도 크게 문제가 발생하지 않는다. 그러나 사원이 몇 년 후 상급자가 된 경우 이때부터 문제 발생 가능성이 높다. 수요처가 증가하고, 수요처와 Issue 사항이 많이 발생하며, 타 부문과 협의해야 할 것이 많아진다. 특히 간부의 역량 부족은 부하직원의 사고 성장에 장애물이 되며, 때론 직원의 업무개선 의지를 무력화하기도 한다.

어느 날 영업사원이 종전 방식보다 좀 더 효율적 방안을 생각하고 실무에 적용을 위해 상급자에게 새로운 방안을 보고 했을 경우를 가정해 보자. 상사는 어떤 배경에서 그렇게 생각했는지, 새로운 방안이 기존 방식과 어떤 차이와 효과가 있는지를 깊이 사고하지 않고 "그게 되겠어! 주어진 방식대로 처리해!"라고 말했다. 이때부터 영업사원의 개선 의지는 꺾이고 일에 흥미를 잃게 되며 사고는 매우 수동적 상태로 경직될 것이다. 이처럼 상사의 영향은 부하직원에게 매우 크고, 특히 역량이 부족한 간부는 조직발전에 커다란 장애물이 된다.

많은 회사가 업무 순환을 실시한다. 잘못된 업무 순환을 실시한 경우 조직은 더 비효율적으로 운영되고, 이런 결정을 한 경영진에게 잘못된 문제점이 알려지지 않는다. 그리고 다시 반복적 실수를 자행하게 된다. 어떤 경우는 잘못된 사실을 인지해도 실수를 드러내고 싶지 않아서 은폐하고, 같은 실수를 해마다 되풀이하면서 점점 더 비효율적으로 조직은 운영되고 결과적으로 기업 성과는 좋지 않게 나타난다.

업무 순환 이전에 간부의 영향이 매우 크다는 사실을 먼저 인지해야 한다. 간부의 역량을 신중하게 검증하고서 업무 순환을 실행하기를 권한다.

3. 영업사원의 역량 차이점

역량이 우수한 영업사원은 다음과 같은 특징을 지내고 있다.

- 시장 주도
- 능동적 자세
- 호기심
- 거시적 관점

시장의 요구보다 한발 앞서 가격을 조정하며 고객에게 신뢰를 얻는다. 문제 발생 시 해결을 전제로 사고하고 실행하며, 현상에 다양한 호기심을 가지고 본다. 그런 호기심을 바탕으로 문제 해결 방안을 찾으려고 한다. 거시적 관점에서 보다 넓게, 크게 사물을 바라본다.

역량이 부족한 영업사원은 다음과 같은 특징을 지내고 있다.

- 수요처가 주도
- 수동적
- 미시적 관점

상대방 주도하에 일이 진행되고, 스스로 하기보다 상황이 발생할 경우 일을 처리하려고 한다. 미시적으로 현상을 보기 때문에 새로운 일과 문제 대응 능력이 부족하다.

이런 사고와 행동 차이에 의해 우수 역량을 지닌 사원의 결과가 미래에 더 좋을 가능성이 높다. 성장을 희망하는 기업은 우선 핵심인재를 발굴하고 교육과 Feedback을 통해 양성시켜야 한다.

분야마다 필요로 하는 인재상이 다르다. 기업 상황에 맞게 우수한 성향과 역량을 보유한 인재를 선발하고, 육성하면 현재보다 좋은 성과를 얻을 수 있다.

단, 핵심 기능과 부가 기능을 혼동하시 밀아야 한다.

- 영어를 잘하면 해외 영업을 잘할 거야!
→ 언어 표현 능력이 우수해야 한다. 영어성적이 우수한 사람이 필요한 것
   이 아니다.

- 학창 시절에 학생회 간부였으니 Leadership이 있을 거야!

→ 학교와 기업에서 요구하는 리더십은 다르다.

- 경험이 많으니 새로운 일을 잘할 거야!

→ 경험이 많은 것보다 문제 해결 능력이 뛰어나야 새로운 일도 잘 처리한다.

- 많은 사람을 알고 있으니 일을 잘할 거야!

→ 많은 사람을 알고 있는 것과 할 수 있는 것은 다르다. 기업은 할 수 있는 인재를 원하고 있다.

- 많이 알고 있으니 일을 잘할 거야!

→ 많이 알고 있는 것과 할 수 있는 것은 다르다. 기업은 문제 해결을 할 수 있는 인재를 원하고 있다.

3장

고객의
분류

기업 활동을 하면 많은 다양한 고객을 만나게 된다. 고객마다 추구하는 가치도 다르고, 운영 방식도 다르고, 영업사원들에게 요구하는 조건도 다르다. 예전에 우리는 '고객은 왕이다'라는 말을 많이 들었다. 그 말에 전적으로 동의한다.

고객은 현재 우리를 존재할 수 있게 해 준 고마운 조력자이자 생명줄 같은 존재다. 우리는 기업의 현재 위치를 파악하고 영업 구성원들에게 앞으로 방향성 제시를 위해 고객을 분류해 볼 필요가 있다.

1. 관계에 의한 분류

공급자와 구매자가 거래 시 공급자의 위치에 따라서 관계가 설정된다. 고객과 형성되는 세 가지 관계는 1) 갑을 관계, 2) 동등 관계, 3) 의존 관계다.

1) 갑을 관계

힘의 논리로 보면, 힘이 있으면 강자는 갑이고 약자는 을 입장이 된다. 어느 누구도 약자인 을을 원하지 않는다. 구매자가 강자의 입장, 공급자가 약자의 입장이 되는 관계다. 상거래 관계에 있어 재화를 구매하는 곳이 갑이 되고 재화를 공급하는 곳이 을의 입장이 된다. 이런 관계 형성은 다음의 3가지 요인에 의해 발생한다.

갑을 관계 형성 요인

① 다수 업체가 공급

② 공급자 간 품질이 대동소이

③ 공급보다 수요가 적을 경우(시장 규모보다 공급초과)

이 세 조건이 충족할 경우 갑을 관계는 형성된다. 구매자 관점에서 품질이 동등한 경우, 여러 공급업체 중에서 보다 유리한 조건을 제시하는 업체를 선택하면 된다. 주변 환경이 변화하는 경우, 예를 들어 외부 환경 요인으로 회사의 비용 부담이 증가하지만, 판매 단가 이전이 힘든 경우에는 구매자는 원료 공급자에게 비용 부담 전가를 위해 가격 인하를 요구한다.

이때 공급자는 억울하지만 거절하면 언제든 거래가 중단될 것을 염려해 공급자의 무리한 요구를 바로 회사에 전달한다. 이 과정에서 사내의 다른 부서와 갈등이 발생하기도 한다.

이처럼 갑을 관계 상황에서 공급자는 불합리한 조건에서 거래를 수용해야 하는 지정학적 위험을 지니고 있다.

2) 동등 관계

구매자와 공급자 간에 상호 동등한 관계다. 공급자 품질이 우수하여 구매자가 원하는 제품을 제조하려면 반드시 공급자 제품이 필요로 한다. 이 경우 서로 동등한 조건에서 MOU 계약(Memorandum of Understanding, 양해각서)을 맺고 새로운 시장을 향해 공동 개발을 하기도 한다.

구매자는 신제품 개발 시 공급자와 공동으로 연구를 진행하면서 양사가 각각의 역할을 분담하여 공동 연구개발을 한다. 공급자는 공동 연구 사실을 외부에 알리지 않고, 진행 과정의 모든 사항에 대한 비밀을 유지하고, 공동으로 개발된 제품을 구매자의 경쟁 회사에는 공급하지 않는다는 상호 합의하에 진행된다.

이런 관계 설정은 공급자의 차별화된 품질과 우수한 기술 능력을 보유한 상태에서 이루어진다. 또한, 이런 관계는 양사가 함께 이익을 공유하고, 시장 지배력을 확장하면서 더욱 협업 기능을 강화시킨다.

가격 결정은 상호 합의하에서 진행되어 종래의 갑을 관계 가격 조건과는 다르다. 구매자는 공급자의 일정한 이익을 용인한다. 이런 관계에서 영업사원은 자긍심을 가지며 다른 업체와 전략적 제휴방안을 적극적으로 모색하고 종전과 다른 시각과 사고를 가지고 시장에 접근한다.

3) 의존 관계

공급자가 구매자보다 우위에 있는 관계다. 기존에 존재하지 않는 새로운 제품과 서비스를 제공하는 경우로 공급자에 의해 새로운 시장이 형성된다. 구매자는 공급자의 우월한 품질의 제품을 사용해야 품질을 개선 또는 신제품 제조를 할 수 있어 구매자 입장인데도 불구하고 공급자와 의존 관계가 형성된다. 또한, 이런 상황은 공급자에게 가격 주도권을 가지게 한다.

예를 들면, 제조업체로서는 반도체 장비업체인 ASML, NVDA가 있고,

유통 분야는 미국의 아마존, 중국의 알리바바가 있다.

ASML은 반도체 장비업체로서 반도체 업체인 한국의 삼성전자, 대만의 TSMC, 중국의 화웨이가 이들의 반도체 장비를 필요로 한다. 공장을 증설 계획 시 ASML의 공급 일정에 맞춰서 공장 증설을 진행해야 한다.

제프 베이조스의 아마존 영업전략은 제품을 싸게 공급하면 고객이 만족하고, 이로 인해 고객의 Online상 Traffic이 증가하고, 이 사실을 다른 공급자들이 인지하고 아마존에 더 좋은 가격 조건을 제시하고, 아마존은 다시 더 좋은 가격을 고객에게 제공하여 고객의 만족도는 더욱더 향상되어 매출이 증가하는 것이다. 기업의 목적은 이윤 창출이다. 그러나 아마존은 단기적 이윤보다 고객의 만족을 위해 과감히 이익을 포기했다. 그 결과 고객들은 자신의 데이터를 무료로 제공하고, 고객이 제공한 데이터를 활용하여 아마존의 사업 영역은 더욱더 확장하게 되었다. 비록 아마존의 이익은 매우 낮았지만, 아마존 그룹의 관계회사인 아마존 웹 서비스와 Fulfillment 서비스의 이익은 증가하여 결과적으로 아마존 그룹 전체 이익은 증가하였다.

특히 아마존은 고객이 제공하는 데이터를 기반으로 데이터를 분석하고 이를 바탕으로 새로운 서비스를 다시 제공한다. 이 과정에서 아마존에 납품하는 제조업체들이 제공한 데이터를 활용하여 아마존 Web은 AI 분야, Cloud 분야에서 새로운 서비스를 만들었다.

창고 물류업 또한 새로운 서비스를 제공했다. 새로운 서비스를 제공하고 고객이 만족하고 의존하는 관계다.

관계별 영업 만족도, 수익 구조가 다르면 관계별 추구해야 할 영업전략도 다르다.

- 영업 만족도: 의존 관계 > 동등 관계 > 갑을 관계
- 수익 구조: 의존 관계 > 동등 관계 > 갑을 관계

영업행위를 등급으로 나누어 보면 갑을 관계는 하급, 동등 관계는 상급, 의존 관계는 최상급으로 분류된다. 향후 전략을 구분하면 갑을 관계는 출구전략, 동등 관계, 의존 관계는 확대전략을 구사해야 한다. 만약 공급자가 갑을 관계에 있다면 어떻게 해야 할까?

관계에 의한 고객의 분류					
	영업 만족도	수익성	행위 등급	축소	지향	향후 전략
갑을 관계	3位	3位	下級	✓		출구
동등 관계	2位	2位	高級		✓	확대
의존 관계	1位	1位	最高級		✓	확대

2. 갑을 관계 탈출 방안

어떠한 기업도 갑을 관계를 원하지 않는다. 갑을 관계 탈출 방안을 논의해 보자.

1장에서 언급하였던 고성장 기업들은 고객과 관계에서 동등 관계, 의존 관계를 지향하고 있다. 반면 정체 중이거나 하향 성장하는 업체들은 고객과 관계 시 갑을 관계의 위치에 있다.

그 원인은 바로 제품과 서비스 차별화다. 고성장 기업들은 스스로 차별화를 위해 기업의 혁신활동을 하고 있다.

기업이 보유한 제반 여건(자본, 기술, 인력)이 부족한 정체 기업과 하향 성장 업체들 대상으로 설명하겠다.

정체 기업, 하향 업체들은 왜 기업 성장이 정체되거나 하향될까? 바로 그 원인은 환경이 변하였는데도 불구하고 종전의 사고로 세상을 바라보고, 종전의 업무 방식으로 처리하기 때문이다. 그래서 무엇보다 먼저 스스로 세상 변화를 느끼고 현재의 사고와 방식에 대한 개선이 필요하다.

유능한 전략가는 전쟁 수행 시 동일한 전략을 두 번 사용하지 않는다. 그 이유는 상대가 이미 사용한 전략을 알고 있으면 그에 대한 대비를 하기 때문에 다른 전략을 사용한다. 전쟁 수행 시 서로를 모르는 상태에서 전투행위를 할 경우, 승리 또는 패배할 수 있다. 만약 패배하면 기존 방법이 아닌 다른 방법으로 시도해야 승산이 있다.

이처럼 이미 성장이 정체되고, 하향된 것은 시장이 기업에게 "종전의 방식으로는 안 돼, 종전의 사고로는 안 돼"라는 신호를 보내는 것이다. 그래서 생존을 위해 변해야 한다.

성장이 정체되거나, 하향하는 업체는 공통적인 현상이 있다. 만약 어떤 문제가 발생했을 경우 관련된 부문에 문제 해결을 위한 원인을 조사하고 보고를 요청했다고 가정하자. 이때 각 부분으로부터(영업, 구매, 생산, 물류, 기술 등) 다음과 같은 보고를 받았을 것이다.

- 인원이 … 하다!
- 구성원 능력이 … 하다!
- 제품 품질이 … 하다! (연구소/영업 의견)
- 기술 수준이 … 하다! (연구소/영업 의견)
- 생산 원가가 … 수준이다! (생산팀 의견)
- 구매가격(판매가격)이 … 수준이다! (구매/영업 의견)

문제를 해결하기보다 현상을 말하거나 다른 부분의 문제로 인해 결론은 … 해서 … 하다(안 된다). 즉 부정적 의미다. 이런 방식으로는 절대로 문제를 해결할 수 없다.

일을 하려는 사람은 문제 해결을 위한 노력을 한다. 그러나 일을 하려하지 않는 사람은 문제만 바라본다. 만약 이렇게 하면 어떨까 추천해 본다.

- (제품, 인원, 품질, 환경, 판매가격)이 … 하지만 … 해 보겠다.

이와 같이 문제를 접근하고 해결을 하는 방향으로 제안을 하고서 실행하면 된다. 새로운 시도 과정에서 실패를 할 수 있다. 그것은 문제가 아니라 개선을 위한 실패일 뿐이고, 다시 보완해 시도를 하면서 조직의 구성원은 물론, 기업도 성장하고 시장에서 인정을 받을 수 있게 된다. 이러한 시도는 회사가 보유한 데이터를 활용하거나, 필요한 경우 외부 데이터를 기초로 시도하면 더욱 효과적이다.

과거 누구의 잘못이라고 탓할 필요가 없다. 모든 직원이 스스로 현재 상황에 대한 개선 의지가 있어야 비로소 변화 가능하고 문제를 해결하겠다는 긍정적 사고하에 제품과 서비스 차별화를 시도하게 된다.

한 번에 절대 이루어질 수 없다. 단계적으로 성과를 맛보고 점차 큰 목표를 이루려고 시도하면서 성장한다. 이 과정에서 자연스럽게 차별화는 서서히 진행되고 그 결과 시장의 고객에게 가치를 인정받게 된다. 이때 고객과의 관계에 있어 갑을 관계는 축소되고 동등 관계로 변화되어 회사가 성장할 수 있게 된다.

우선 직원들에게 현재 기업이 처한 입장을 알려주어야 한다. 어느 누구도 갑을 관계를 원하는 구성원은 없을 것이다. 전 구성원에게 갑을 관계를 벗어나기 위한 각자의 역할을 알려주고서 함께 많은 문제를 단계적으로 해결하면 된다.

3. 동등 관계 유지를 위한 금기사항

고객과 동등 관계에서 관계를 유지하기 위한 공급자의 금기사항이 있다. 주로 영업사원과 연구원의 실수로 인해 고객과 신뢰가 무너지고 동등 관계가 와해된다.

첫째 원인은 영업사원의 탐욕으로부터 발생한다. 판매 확대를 목적으로 동등 고객의 경쟁사에 동일한 제품을 공급할 때 발생한다.

고객의 입장에서 생각해 보자. 공급자에 의해서 경쟁사가 동일한 제품을 개발하고 동일한 시장에 제품을 공급할 때, 고객이 추구하는 차별화 전략이 무력화된다.

둘째 원인은 연구원에 의해 발생할 수 있다. 동종 업계에 본인의 홍보 수단으로 활용하기 위해 동등 고객과 거래 내용을 일부 유출할 경우다. 동등 고객 입장에서는 정보 유출이다.

공급자 연구원의 이런 행동이 고객의 차별화 정책을 무력화시킬 수 있다. 이런 문제가 발생하는 원인은 연구원의 자기 과시 또는 몸값을 올리기 위해서 나타날 수 있기 때문이다.

신문, 뉴스에 연구원이 경쟁사로 이직하거나, 정보를 유출해 회사와 동등 고객에게 막대한 피해를 보았다는 사실이 바로 이런 사례다. 이런 문제가 발생하지 않게 영업중역은 영업사원들과 많은 대화를 하고, 실적이 어떻게 발생하는지 유심히 살펴보고 만약 동등 관계의 특수 제품이 추가로 판매되는 경우, 실적을 보지 말고 거래의 타당성을 봐야 한다.

기술중역은 동등 고객과 체결한 MOU 사항이 준수되는지 살펴보고, 양사가 체결한 비밀유지 사항을 연구원에게 상시로 주지시켜야 한다. 문제가 발생하기 전에 영업사원과 연구원을 대상으로 보안교육을 실시하고, 보안 유지 방안도 함께 마련해야 한다.

4장

효율적
접대 방안

영업활동을 하면서 영업사원은 상대방과 만남을 갖게 되고 그 과정에서 자연스럽게 접대를 하게 된다. 영업적 관점에서 접대의 목적은 기존 고객과 관계를 유지하기 위한 행동이며 또한 신제품 개발과 새로운 영업망 확충을 위함이다. 접대의 장점은 자연스럽게 고객과 유연한 관계를 형성하여 고객과 영업사원 사이에 서로의 입장을 이해할 수 있는 기회를 조성하기 위함이다. 영업입장에서 접대비 예산이 많으면 좋으나 그것보다 먼저 효율적으로 접대를 하고 있는지 점검해야 한다. 접대는 목적을 이루기 위한 하나의 수단과 방법이기 때문이다.

어떤 경우는 접대를 해도 효과가 없는 경우도 있고, 상사가 접대비 예산의 대부분을 사용하고 직원들에게 실적과 성과를 요구하는 경우도 있다. 과연 이것이 올바른 행동일까? 어떻게 하면 효율적 접대를 할 수 있을까? 우리는 영업 구성원 직책에 따른 접대 시 역할과 업무 분장을 하고 유기적 관계 정립 방안 등 다양한 측면에서 효율적 방안을 다루어 보자.

1. 접대 종류 및 특징

접대 방법은 매우 다양하다. 점심 식사, 저녁 식사, 등산, 낚시, 골프 등 취미생활을 공유하거나, 세미나, 해외 전람회 참관, 동행 출장 등 다양한 방법이 있다. 접대 대상과 접대자 지위 또는 목적에 따라 방법이 다르게 적용되고 분류된다.

개별적인 접대보다 회사 측면에서 어떤 방법으로 고객 접대를 해야 하는지 살펴보자. 접대 대상자를 분류하면 다음과 같다.

접대 대상자 분류 및 특징
1) 사원/중간 간부   2) 팀장급   3) 경영진

1) 사원/중간 간부

사원/중간 간부는 영업사원 입장에서 정보의 원천이다. 때문에 가장 공을 많이 들여야 하며 정보 입수를 위해 우선적으로 상대방과 우호적 인간관계가 형성되어야 한다.

사원과 중간 간부는 회사 내에서 제약이 많아 주로 점심 식사 시간에 만나서 관계를 형성하는 게 중요하다. 최소 한 달에 1~2회 정도가 적당하다. 사원과 중간 간부의 접대가 중요한 것은 지금보다 미래의 간부가 될 가능성이 높고, 구매팀을 떠나도 우호적 인간관계는 다른 부서에서 공급자에게 우호적 영향을 미칠 수 있으므로 맺은 관계를 소중히 하고 지속해야 한다. 이런 사실을 고려하여 영업임원은 영업사원에게 가능하면 점심시간에 고객과 함께 식사하도록 권장하고, 일정 접대 예산을 배정해야 한다.

2) 팀장급

팀장급은 회사의 핵심 간부고, 어떠한 결정에 영향을 미칠 수 있는 위

치에 있다. 보고서 작성 시 팀장의 판단이 결정적 영향으로 작용하므로 공급자 입장에서는 팀장급과 유연한 관계를 형성해야 한다. 구매자 팀장급을 접대 시 공급자 영업팀장이 Host가 되어 영업사원을 통해 의사를 전달하고 진행한다. 식사는 주로 저녁 시간이 좋다. 저녁 시간에 구매 직원들과 영업사원들이 동행하여 시간을 가질 경우 현재는 담당이 아니어도 후에 업무 분장을 통해 담당자로 만날 수 있다. 가급적 팀장과 팀원들을 함께 저녁 식사에 초대하면 좋다.

점심 식사보다 업무를 종료한 상태에서 시간적 여유와 자연스러운 분위기를 조성할 수 있는 저녁 식사가 좋다. 여유로운 분위기는 구매자와의 유연한 관계에 도움이 된다. 팀장급의 경우 바쁜 일정을 감안해 분기 또는 반기에 1회 정도가 적당하다.

3) 경영진

경영진은 최종 결정권자로 영업입장에서 매우 중요하다. 경영진은 사내의 각종 회의와 대외 미팅으로 인하여 주중에는 시간 여유가 없다. 이를 감안하여 영업중역이 주말에 골프를 하도록 한다. 골프의 장점은 최소 5시간 동안 즐기며 여유롭게 담소를 나눌 수 있다. 골프는 4인 운동으로 상대방이 2명(중역과 팀장이 동행/관련 부문 중역과 동행)으로 선정 시 주최 측에서 이와 상응한 인원이 동행하면 된다. 이런 접대는 연간 1~2회가 적당하다. 물론 접대 방법은 기업이 처한 입장에 따라 달라질 수 있다.

가장 효율적 접대란 사원과 초급 간부를 통한 정보 교류와 입수, 팀장 급을 통한 우호적 이미지 구축, 경영진을 통한 최종 결정에 영향을 미치 도록 하는 것이다. 팀원, 팀장, 경영진이 유기적으로 움직일 때 접대의 목적과 효과가 뚜렷하다.

특정 인원만 접대를 하는 경우가 있다. 만약에 특정 계층만(팀장, 경영 자) 접대를 한다고 하면 그 영향은 부정확하다. 영업 참여 인원 모두 공 동된 목표를 위해 유기적으로 움직이고 정보를 공유하며 단계적 추진 과정을 진행하는 것이 바람직하다. 바르고, 효율적 접대는 다음과 같이 진행하기를 추천해 본다.

- 정보입수 → 우호적 이미지 → 최종 결정에 영향

접대 종류 및 특징

	방법	특징	비용	횟수
경영진 ⇧	골프	최종 결정권자 최소 6시간 소요 참여 인원 2~3명	高	1~2회 년간
팀장급 ⇧	저녁식사	유연한 관계 형성 보고서 작성시 영향력 보유 우호적 관계 형성의 시발점	中	1회 분기
사원 중간 간부	점심식사	정보 입수 원천 인간 관계 형성 미래의 간부 사전 접촉	低	1~2회 월

가장 효율적인 접대란 정보 입수 → 우호적 이미지 → 최종 결정

2. 비효율적 접대 사례

영업사원이 소중한 시간과 비용을 들여서 접대하지만, 때론 비효율적 접대를 하는 경우가 발생한다. 만약 영업사원이 비효율적 접대를 한다는 사실을 인지 못 하면 계속 동일한 실수는 반복되고, 주변의 다른 직원에게 영향을 줄 수 있다.

다음의 사례를 통해 어느 부분이 문제인지 살펴보고 어떤 방안으로 개선할지 논의해 보자.

1) 사례1

현재 A 기업은 제품을 L 기업에 공급하고 있다. L 기업은 국내 최대 2차전지 분야에서 1위 업체고 세계시장에서 품질을 인정받고 성장 중이다. 영업사원은 L 기업이 새로운 Project를 진행한다는 정보를 입수하였다. 만약 이 사업에 참여할 경우 기업 성장에 새로운 동력원이 될 수 있다고 판단하고 새로운 Project 참여를 위해 구매 핵심 관계자를 접대하려고 한다.

질의사항

Q1: A 기업 영업중역은 영업사원의 이와 같은 계획을 듣고 어떠한 행동을 할 것인가?

Q2: 영업사원의 어떠한 행동이 문제인가?

Check Point

① 구매와 신규 Project는 연관성이 적고, 구매를 통한 정확한 정보 파악이
불가능하다.

② 연구소에 접근해야 신규 Project 상황 파악이 가능하다.

③ 꾸준히 연구소와 접촉을 해야 참여 가능성이 높다.

· Key Point: 신규 Project의 주관은 연구소다.

2) 사례2

기존에 공급하던 제품이 생산 현장에서 품질 Issue가 발생하여 거래
선 구매 담당자로부터 배상 요구를 받았다. 문제 발생 원인 및 품질 배
상액 협의를 위해 구매 담당자와 저녁 식사를 계획하고 있다.

질의사항

Q1: 영업사원의 어떠한 행동이 문제인가?

Check Point

① 현장에서 발생 원인을 파악하고 많은 정보를 입수하라!

② 현장의 상황을 공장과 연구소에 우선 전달하고 우리 문제점을 먼저 조
사하라. (내부 조사)

③ 수요자의 생산 현장에서 이상 유무도 확인해라.

④ 재발 방지안이 마련되어야 동일한 문제가 재발하지 않는다. 보상은 문제

원인을 파악한 이후에 조치를 해야 한다.

⑤ 보상한다는 의미는 모든 책임이 우리에게 있다는 것이다. 사실 규명이 완료된 후에 협의해도 된다.

· Key Point: 현장에서 문제를 파악하라.

3) 사례3

김 팀장은 정보의 중요성을 잘 인식하고 있다. 항상 정보를 얻기 위해 시장의 많은 인맥을 활용하여 시간을 할애하고 있다. A 전기공업은 김 팀장의 주요 고객이다. A 전기공업의 주요 고객은 B 전자회사다. (A 전기공업의 매출 비중 60%)

이 본부장은 B 전자회사의 엔지니어 출신으로 2년 전 퇴사했고 A 전기공업 연구소 소장과 좋은 관계를 맺고 있다. 김 팀장은 수시로 이 본부장을 골프 접대를 하고 정보를 취득하나 실제 영업에 영향은 없다. 이 본부장과 잦은 만남으로 인해 김 팀장은 접대비가 항상 부족하다.

질의사항

Q1: 김 팀장의 어떠한 행동이 문제인가?

Check Point

① 퇴사자가 취급할 수 있는 정보는 제한적이다.

② 다양한 정보처를 통해 정보 사실을 검증해야 한다.

③ 특정인을 상대로 자주 접대를 하는 것은 지양해야 한다.

④ 입수한 정보가 미치는 영향과 효과는 검증해야 한다. 만약 영향과 효과
　가 없을 경우 만남을 축소해야 한다.

- Key Point: 정보의 효과와 영향 검증이 필요하다.

3. 관리영업과 개발영업 시 접대 대상자

관리영업과 개발영업은 접대 목적의 대상이 다르다. 따라서 접대의
대상도 달라져야 한다.

1) 관리영업의 주요 접대 대상자

관리영업의 주요 접대 대상자는 구매팀이다. 좋은 관계 유지를 통해
서 기존 고객의 사내 정책을 파악하고 경쟁사의 동향 파악과 새로운 시
도를 항상 주의 깊게 파악해야 한다.

기술적 문제가 없더라도 때로는 품질 개선 계획과 개발 정보를 파악
하기 위해 자주 연구소와 생산 현장을 방문해야 한다. 문제 발생 이전에
기술 연구소와 생산 현장의 사람들과 접촉을 해야 구매에서 얻지 못하
는 많은 정보를 취득할 수 있다.

2) 개발영업의 주요 접대 대상자

개발영업의 주요 접대 대상은 기술 연구소와 생산 현장이다. 수요처의 기술 연구원과 사전에 충분한 교류를 해야 향후 고객의 신제품 개발 시에 참여할 수 있는 기회를 부여받는다.

신제품이 완료되면 고객의 연구원이 신제품 제조 시 사용되는 원료나 부품을 지정한다. 이것이 기술 연구원의 주요 역할이고 의무다. 생산부문에서 공정상 문제도 발생할 수 있기에 생산 현장과 친밀한 관계 유지도 필요하다. 이런 교류관계는 단기간에 형성되지 않고 오랜 기간 서로 만나고 이야기를 나누면서 형성된다.

개발영업 활성화를 위해 공급자와 구매자 양사 연구소와 기술 교류를 적극 중재하는 것도 하나의 방안이다.

구매팀에서는 가격과 정책 관련 정보를 얻을 수 있지만, 기술 연구소와 생산 현장에서 경쟁사의 정확한 품질 수준과 기술개발 동향을 얻을 수 있다. 특히 연구소와 생산 현장은 경쟁사 품질에 대한 데이터를 보유하고 있다. 이점을 활용하여 품질 개선을 시도할 수 있다.

제품 사용 여부는 구매자가 단독으로 결정하는 것이 아니다. 제품을 수요처에서 구매하기 이전에 먼저 구매자는 내부적으로 관련 부분과 다자간 협의를 통해서 최종 결정이 이루어진다.

품질은 기술부문에서 검토하고, 생산 공정상 문제점과 생산의 효율성은 생산부문에서 검토하고, 구매부문은 가격, 공급 조건을 검토한다. 이런 다자간 합의를 거쳐서 최종적으로 제품 사용 여부를 결정한다. 따라서 영업사원은 생산 현장과 기술 연구소도 등한시하지 말고 관계를 유지해야 좋은 기회도 오고 결실을 얻을 수 있다.

3) 연구원과의 인맥

영업사원이 연구원과 인맥을 쌓으면 좋은 두 가지 장점이 있다. 첫째는 기술 동향 정보 또는 경쟁사 동향 파악이 가능하다. 기술 연구원은 동창회 및 동종 업계의 연구원들과 활발하게 교류를 한다. 이런 교류를 통해 연구원끼리 많은 기술 동향이나 정보를 교환하기도 한다. 활발한 교류를 통해 연구개발에 아이디어를 얻고 스스로 연구과제를 설정한다. 연구원이 보유한 이런 기술 정보는 고급 정보이며 쉽게 얻을 수 없는 정보다. 연구원과 관계가 좋으면 이러한 정보도 때론 얻고 이를 영업활동에 활용할 수 있다

둘째는 연구원 이직을 통한 새로운 기회가 발생하기도 한다. 많은 기업에서 연구원에 대한 수요가 많다. 따라서 연구원은 이직이 다른 부문보다 자유롭다. 이직 시에 전혀 생소한 타 업종으로 가는 것이 아니라 유사한 업종으로 이직을 하는 경향이 있다. 예를 들면 화학 업종은 화학 분야로, 기계설비는 기계설비 업종으로 IT는 IT 업종으로 이직한다.

동일 업종으로 이직하게 되는 경우 본인이 자주 접촉하였던 제품과 영업 담당자를 선호하여 영업사원의 노력이 없는 상태에서 진입 기회를 제공하기도 한다.

이런 점을 감안하여 영업사원은 연구원과 긴밀한 관계를 유지하도록 노력해야 한다.

4. 효율적 접대를 하려면

같은 접대비용을 지출하고도 효과를 보지 못하는 경우가 있다. 여러 가지 좋은 방안이 있다고 생각한다. 본인이 판단하고 혹시 좋은 방안이 라고 생각되면 채택하면 된다.

(1) 상대방의 취향에 따라 방법을 달리해라!

상대가 골프를 못할 경우 골프 접대를 할 수 없다. 또한, 술을 먹지 못 하는데 술 접대를 할 수 없다. 이것을 무시하면 오히려 상대가 부담스럽 게 생각하고 역효과가 나타날 수 있다. 주인공은 바로 상대방이다. 상대 방의 취미, 취향에 맞추어야 한다.

(2) 많은 질문을 해라!

가급적 많은 질문을 통해서 상대방의 고충을 알고 합리적 도움을 줄 수 있는 조언을 해라. 질문을 하지 않으면 상대가 답을 주지 않는다. 질 문을 통해 많은 것을 파악해라. 아울러 질문과 함께 개인적 고민도 공유 하며 인간적 교류를 쌓도록 해라.

(3) 상대방의 관혼상제를 잘 챙겨라!

관혼상제를 챙기는 것은 감성적 접대 방법이다. 슬픈 일이 있을 때 함 께 슬퍼하고, 기쁨을 함께 느낄 수 있게 관혼상제를 잘 챙기는 것도 유 능한 영업의 능력이다.

(4) EVENT를 활용하라!

회사의 공식적 업무 진행 시 적극적으로 상대방을 초대하라. 예를 들면, 기술 세미나, 설비 증설 이후 중요 거래선 초빙, 4M 검증 시 현장 방문, 신제품 발표회, 창립기념일 행사 등 다양한 회사의 공식적 행사 시에 거래선들을 초빙하여 방문 시 적극적으로 홍보를 해라. 이때가 좋은 기회다. 공식적 행사 시 고객을 일대일로 전담하여 인간관계를 맺게 되면 상대방은 영업사원에 대해 우호적 감정을 갖게 되고, 이후 구매자에게 회사 내에서 공급자의 입장을 대변하는 우호세력이 될 수 있다.

회사의 공식 행사를 활용한 접대 효과는 매우 가성비가 좋다. 접대 방법은 매우 다양하다. 상대방이 접대라고 못 느낄 때 그것이 가장 효과적인 접대 방법이다.

(5) 선물 제공 시 가족을 대상으로

해외 출장 시 고객을 위해 조그만 선물을 준비하는 경우가 있다. 대상자에 따라 선물을 준비하는데, 구매 대상자 이외에 현장을 방문할 경우 생산 현장 사람을 위한 선물 준비를 권한다.

실제로 제품을 사용하는 생산 현장 사람에게 제품 사용 시 문제가 발생하면 즉시 연락을 달라고 하면서 관계를 갖도록 해라.

만약 접대 대상의 가족현황을 파악했다면 가족을 대상으로 선물하면 효과가 크다. 접대 대상자는 일반적으로 유사한 선물을 자주 받기에 다른 업체와 비교해 평범한 행위로 간주된다.

자녀, 아내를 대상으로 선물을 제공하면 상대 입장에서 매우 흡족해한다. 부모 입장에서 자녀는 사랑스러운 존재다. 바쁜 일상으로 자녀에게 선물을 제공하지 못할 수 있는 점을 감안하여, 자녀를 대상으로 학용품, 기념품, 제과 등의 선물을 제공하면 어떨지 조심스럽게 추천해 본다.

5. 상대가 무리한 개인적 접대를 요구할 경우

어떤 경우에는 고객에게 무리한 요청을 받을 때가 있다. 이때 영업 담당자는 어떻게 결정할지 고민을 하게 된다. 무리한 요구는 긍정적 관점과 부정적 관점을 가지고 있다.

(1) 긍정적 관점
긍정적 관점은 상대의 요구를 수락할 경우, 상응하는 효과가 바로 나타난다. 담당자 입장에서 실적을 얻을 수 있다는 측면에서 매우 달콤할 수 있다.

(2) 부정적 관점
부정적 관점은 고객의 내부에서 서서히 병들어 가고 있는 것을 의미한다. 이런 업체는 동종 업계와 경쟁에서 시간이 흐를수록 뒤처지고 도태될 가능성이 높다.

고민을 하되, 불법적인 요구는 절대 수락하지 말아야 한다. 만약 이후에 불법적 사실이 밝혀지면 고객과 법으로부터 문제 제기를 받을 수 있다.

5장

고객 방문

영업사원의 주요 업무 가운데 하나가 고객 방문이다. 영업사원은 영업활동을 위해 가격 협의, 문제 해결, 발주량 확인, 정보 수집, 신제품 판촉 및 정기 방문 등 다양한 방문 목적을 가지고 방문한다. 현장에서 많은 것을 얻을 수 있기 때문에 방문한다.

일부 영업중역은 영업사원에게 '하루에 보다 많은 고객을 방문하라!', '사무실에 있지 말고 놀더라도 수요처에 가서 놀아라!'라고 요구한다. 여러분도 혹시 이런 유사한 말을 영업사원에게 전달을 한 경험이 있는지 생각해 보라. 그러나 이런 의사 표현은 구매자 입장에서 많은 모순이 있다.

미국 맥킨지는 구매자 관점에서 공급자와 구매자 간 관계를 파괴하는 영업행위가 어떤 것인지 구매자에게 조사를 실시했다.

영업사원이 실수하기 쉬운 습관

1위 잦은 연락(방문, 전화)	35%
2위 자사/경쟁사 제품에 대한 상품 지식 부족	20%
3위 사업, 업종에 대한 지식 부족	9%
4위 계약 서명 후 잊어버리거나 무시	8%
5위 공격적 영업방식	8%
6위 기타	20%

전체 설문자의 약 35%가 영업사원의 잦은 전화와 방문을 가장 꺼리고 있다. '하루에 보다 많은 고객을 방문하라', '사무실에 있지 말고 놀더라도 수요처에 가서 놀아라!'. 이런 의미는 좀 더 많은 시간을 영업현장

에서 보내라는 것이다. 허나 일부 영업사원은 이 말을 기존 구매 담당을 많이 만나보라는 말로 이해하고 자주 구매팀을 방문한다. 상대방이 어떻게 생각하는지 전혀 고민도 않고 상사의 주어진 오더를 수행하기 위해 자주 방문을 한다. 좀 더 명확하고 구체적으로 다음과 같이 표현하면 어떨까?

"여러분 하루에 보다 많은 고객을 방문해 주세요. 자주 접촉하는 구매 담당 보다는 연구소, 생산 현장을 방문하여 정보의 채널을 확대하면 업무에 더욱 도움이 될 겁니다."

1. 영업일지 활용 방안

우선 기업이 보유한 데이터에 근거하여 영업사원이 방문 현황을 객관적으로 조사할 필요가 있다. 이 조사를 위해 영업사원이 스스로 작성한 영업일지를 근거로 상황을 파악하면 된다.

1) 영업일지 분류

① 월별 거래선 방문 현황 조사 (거래선별 방문 횟수)

② 3년간 거래선 방문 현황을 집계

③ 방문 목적 구분 (관리영업 또는 신규)

④ 방문 시 상담자 구분 (구매/기술/생산)

⑤ 영업사원의 각각 신규 개발 방문을 권장하고 확인

영업사원이 기존에 작성한 일일 업무일지를 살펴보면 방문 업체, 면담자, 면담 내용을 기재한다. 이를 토대로 월별 거래선별 방문 횟수를 분류하고, 방문 목적과 방문 대상이 어느 부분에 있는지 구별한다. 특정한 달에 특정 거래선과 Issue가 발생 시 방문의 횟수가 많은 특수 상황을 감안하고 자료의 정확성을 기하고자 가능한 경우 3년간 기록을 바탕으로 자료를 작성한다.

통계 기간이 길수록 직원의 성향을 좀 더 상세히 파악 가능하다. 이렇게 정리된 자료를 바탕으로 2차로 영업일지 분류 재구성을 해야 한다. 다음과 같이 직원을 분류할 수 있다.

2) 영업일지 분류 재구성

- 거래선 방문을 많이 하는 직원 VS 방문이 적은 직원
- 기존 거래선 방문이 많은 VS 신규 수요처 방문 많은 직원
- 생산/연구소 방문 많은 직원 VS 방문이 적은 직원
- 신규 개발 노력을 많이 하는 직원 VS 노력이 적은 직원
- 스스로 노력하는 직원 VS 노력이 부족한 직원

3년간 직원이 작성한 영업일지를 분석 시 방문 업체와 상담 대상을 구분해 확인한 이후, 이를 토대로 개별적 영업사원의 실질 영업 행동 파

악이 가능하다.

개인의 실질행동 파악 후에 영업중역은 기존 영업사원에 대한 기존 인식과 차이를 생각해야 한다. 현재 목표 달성을 잘하는 영업사원이 있다면 그런 실적이 스스로 노력에 의해 만들어진 것인지, 타인의 노력에 의해 만들어진 거래선을 인수인계받고서 현재 실적이 된 것인지 구분해야 한다.

미래를 위해 반드시 개발영업에 많은 노력을 투여해야 미래 성장이 보장되기 때문에 특히 영업중역은 이점을 염두에 둬야 한다.

위의 자료를 근거로 영업사원에게 잘못된 부분을 데이터로 제시하고, 잘못된 행동을 개선하고, 바른 지침을 설정해 영업 활성화 방향으로 전개해야 한다.

영업일지 분류를 재구성하면 다음의 직원을 발견하게 된다.

- 특정 거래선의 구매 담당을 자주 방문 (월 3회 이상)
- 기술, 생산 현장의 방문이 전혀 없는 경우
- 신규 개발, 신제품 개발 활동이 없는 경우

이런 유형의 영업사원이 있는 경우, 불필요한 방문은 명확히 자제시키고, 4장에서 언급한 것처럼 기술 연구소와 생산 현장 방문을 많이 하도록 권유하고, 신제품 개발과 신규 개발을 위한 영업활동을 독려하면 된다.

이와 반대로 특정 영업사원은 신규 개발에 많은 시간을 투여하고 열심히 노력하는 직원의 경우 회사는 어떤 지원이 필요한지, 애로점은 무엇인지 파악하고 격려와 지원을 하여 영업사원이 자긍심을 느끼게 하고 일에 매진하도록 해야 한다.

그것이 상사의 주요 역할이다. 기업은 이런 인재를 발굴해 4차 산업 혁명 시대에 변화와 혁신을 주도하는 핵심인재로 양성해야 한다.

3) 영업중역의 의사결정

영업조직의 간부도 아래와 같이 평가하고 구분하길 권한다.

- 유연한 사고방식으로 처리 VS 기존 방식으로 처리
- 능력 있는 간부 VS 평범한 간부
- 새로운 일을 잘 처리하는 간부 VS 주어진 일을 잘 처리하는 간부
- 새로운 일과 도전을 추구 VS 주어진 일에 적합

현재의 방식으로 영업조직을 운영하는데 만족하는 경우는 기존의 방식대로 하면 된다. 만약 혁신과 변화를 주도하는 영업조직으로 변화를 원하는 경우는 영업중역이 먼저 기존 방식에서 벗어나서 유연한 사고로 접근해야 한다.

먼저 조직을 이끄는 영업팀장의 평가를 다시 실시하고, 이를 바탕으로 역할을 잘 수행 가능한 간부를 중심으로 새로운 역할을 부여하고 실행하면 된다. 여기서 새로운 일은 혁신과 변화를 추구하는 영업활동 즉 개발 업무다.

유연한 사고를 갖추고 있고, 주어진 일보다 문제를 해결하는 능력이

우수하고, 새로운 일과 도전을 즐기는 영업팀장이 있다면 그들이 영업 중역이 추구하는 일을 앞장서서 진행할 수 있는 간부다.

변화와 혁신을 수행하는 데 적합한 사원과 간부에게 그런 역할을 부여하고 개발영업에 집중하면 된다.

일일 보고서는 미시적 형태의 영업활동을 기록하고 있다. 물론 일일 영업활동도 매우 중요하다. 일일 보고서를 좀 더 관찰하면 영업사원이 무엇을 하고 있는지, 바른 방향으로 진행하고 있는지 파악할 수 있다. 가능하면 3년간 영업방문 현황표를 만들어서 전체 상황을 파악하고 영업사원의 의미 없는 방문보다는 실질 영업행위를 권장하는 것이 좋은 방법이다.

이것이 여러분이 보유한 데이터에 의한 활용 방안이다. 기업이 데이터가 없는 것이 아니라 보유하고 있는 데이터를 활용하지 못하고 있다. 현상을 주시하지 마라. 영업실적을 기준으로 영업사원 능력을 판단하는 것보다 업무일지를 활용하여 분석하면 보다 자세하게 파악하고 영업사원에게 명확한 지침을 부여할 수 있다.

다른 각도로 사물과 현상을 보고, 지금보다 개선을 하려면 어떻게 해야 하는지, 그 과정에서 어떤 역할을 해야 하는지 고민해야 한다. 구매자 입장에서 영업사원이 하기 쉬운 실수 2위와 3위는 상품 지식과 사업에 대한 지식 부족이다. 전체 설문자 29%가 불만을 가지고 있다는 사실을 감안하면 공급자는 이와 같은 고객 불만의 중요성을 간과해서는 안 된다. 고객 불만 원인의 원천은 회사의 무관심과 영업사원 교육 부족에서 기인한다. 이에 대한 개선책은 8장에서 다루기로 한다.

2. 고객 방문 시 3가지 원칙 준수

고객 방문 전에 사전에 유선으로 예약한 이후, 방문 시 영업사원은 반드시 3가지 원칙을 준수하기를 추천한다. (1) 명확한 방문 목적, (2) 데이터화, (3) 수집된 정보 점검이다.

(1) 명확한 방문 목적

영업사원은 구매 상대방에 대해 먼저 인지해야 할 것이 있다. 구매 담당은 사내에서 처리해야 할 업무량이 매우 많다. 주간, 월간 원료 사용량 확인, 원료 재고 파악, 원료 발주, 공장 입고 일자 조정, 수입 L/C 개설, 수입 일정 확인, 수입 통관, 가격 협상, 공급업체 상담, 구매 마감, 계약서 검토와 작성, 매입 계산서 확인, 월간 원료 동향 파악 및 내부 보고서 작성 등 다양한 업무를 하고 있다. 그리고 많은 공급선과 협의를 해야 한다. 원료 공급 안정화를 위한 이원화 또는 다원화 구매 정책을 적용하는 경우에 접촉하는 공급선은 2배로 늘고, 업무량 또한 2배로 늘어난다. 이런 상황에서 뚜렷한 목적이 없는 영업사원이 방문한다면 이를 반기는 구매자는 없다. 구매 상대방의 바쁜 일정을 고려하여, 방문 시 명확한 방문 목적을 가지고 방문해야 한다.

(2) 데이터화

영업사원은 고객을 방문 후 사내 복귀하여 일일 보고서를 작성한다. 방문 시 고객과 주요 상담 내용과 특이사항 등을 기재한다. 그것이 고객의 정보 데이터다. 상사 보고용으로 일일 보고서를 작성하는 것이 중요한 것이 아니다. 정보 데이터는 단순 기록이 아닌 활용이 될 때 가치가 빛나게 된다.

유능한 영업사원은 사내 규정 또는 상사 요구에 의해 보고서를 쓰는 것이 아닌, 상황을 기록하고 축적된 데이터를 활용하여 사용한다. 고객과 거래를 통해 입수된 많은 정보와 실적 데이터를 나름대로 원칙으로 기록화한다.

축적된 데이터는 고객의 변화를 알려주는 객관적 자료다. 영업사원이 필요할 때 언제나 볼 수 있도록 수요처별로 기록을 분류하면, 후에 유용하게 사용하면 된다.

(3) 수집된 정보 점검

고객을 통해 수집된 정보는 사실 여부를 다양한 방안으로 점검해야 한다. 입수한 정보 점검을 위해 사내 구매팀, 과거 기록한 개별 고객 데이터, 외부 업체 및 전문가 상담 등 다양한 방법으로 정보를 점검해야 한다. 이처럼 고객 방문 시 3가지 원칙을 준수하며 습관화하면 본인도 모르게 좀 더 성숙한 영업사원으로 진화한다.

3. 영업사원의 주요 업무

영업사원은 다양한 업무를 수행하고 있다. 판매관리, 채권관리, 홍보

관리, 기존 거래선 방문, 시장조사, 정보 수집 등이 있다.

판매관리, 채권관리, 홍보관리, 기존 거래선 방문은 유지관리의 행위다. 현재 다수의 영업사원은 유지관리 행위에 많은 시간을 할애하고 있다.

또한, 시장조사, 정보 수집은 영업전략의 설정을 위한 기초 데이터가 되고 회사의 미래 방향성 설정에 중요한 업무다.

직원들이 현장에서 수집한 여러 종류의 정보를 분석하고 이를 토대로 영업전략을 설정해야 하므로 경험이 많고 시간적 여유가 있는 영업간부들이 정보 분석과 시장조사에 적합하다.

1장에서 언급한 정체, 하향 성장 기업은 영업활동의 주요 업무에 시장조사 및 정보 분석에 대한 인력 투여가 적을 수 있다. 현재 유지관리도 중요하나 미래 방향성 설정에 중요한 시장조사와 정보 분석 업무에 인력을 투입하고 집중을 해야 한다. 영업 총괄자가 운영 방식에 따라 미래의 결과는 달라진다.

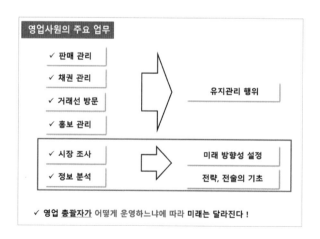

4. 영업사원의 정보 수집

영업사원은 고객 방문과 동종 업계 종사자에게 고객의 많은 정보를 수집한다. 매출 현황, 공장 가동률, 재고 현황, 가격 동향, 원재료 동향, 신제품 개발 현황, 주요 인사 변동, 고객의 경쟁사 동향, 산업계 동향 등 많은 정보를 입수하게 된다. 영업사원의 능력에 따라 취득하는 정보량은 달라진다. 많은 정보량을 얻으려면 어떻게 해야 할까? 우선 많은 사람을 만나야 한다. 접촉하는 사람이 많을수록 더 많은 정보량을 입수한다.

정보 수집 이후에 습득된 정보를 활용하려면 다음과 같은 정보 관리 Process를 갖추어 효율적 운용을 할 수 있도록 한다.

정보 취합한 이후 정보의 사실 여부 확인이 필요하다. 입수된 정보는 매우 다양하다. 입수된 과거 정보, 허위 정보의 경우는 가치가 전혀 없다. 습득된 정보가 과거 또는 최신 정보인지, 허위 또는 가공 정보인지 확인이 필요하다.

확인을 위해 우선 과거의 정보와 비교하라. 과거 입수된 정보와 불일치할 경우 그 원인이 무엇인지 확인해야 한다. 동종 업계에서 사실 여부를 확인해야 한다. 그것이 사실인 경우 그때부터 영향을 분석하라. 영향 분석 후 회사 입장에서 다양한 대응 방안을 마련하고 그 상황에 가장 적합한 방법을 선택하여 대응하면 된다. 영업현장에서 수집된 많은 정보에는 정보 제공자가 유리한 방향으로 전개하기 위해 70% 사실과 30%

허위 정보를 제공하기도 한다. 때문에 정보 분석이 매우 까다롭고 어렵다. 유능한 영업 총괄자는 사실 여부 확인을 위해 다양한 방법으로 검증하고, 진짜 정보에 맞추어 대응 전략을 마련한다. 스파이 영화와 같은 상황이 연출되는 게 바로 산업계 경제현장이다.

오늘날 영업사원들에게 요구되는 업무가 바로 스파이 역할을 수행하는 영업사원이다. 핵심은 정보 취득과 정보 분석 능력이다.

- 정보 취합 → 과거 정보 비교 → 동종 업계 조사 → 영향 분석 → 대응 방안 마련

5. 영업사원 태만에 의한 정보 수집 실패

영업사원 태만으로 정보 수집에 실패하는 경우 회사로서 치명적 결과를 맞이하게 되고 때로는 경쟁사에 좋은 기회를 제공한다. 영업사원이 정보를 제대로 파악하지 못해 발생하는 사례는 다음과 같다.

- 어느 날 경쟁사 제품 진입
- 경쟁사와 공동 연구 진행
- 고객의 사고 발생을 알지 못함
- 부도 전조 증상 인식 실패

1) 정보 수집 실패 - 부도 발생

주요 거래처에 부도가 발생할 경우 영업사원의 잘못된 분석과 판단 그리고 직원의 태만이 주요 원인이다. 부도가 어느 날 갑자기 발생하는 경우도 있으나 부도 발생 이전에 몇 가지 사전 증상이 나타난다. 마치 어느 날 몸이 아픈 사람이 몸에서 이상 증상이 계속 발생할 때 적절한 치료를 하지 않는 경우 몸은 더욱 악화되는 것과 같은 이치다.

부도 발생 사전 증상
- 핵심인재의 이탈과 회사 분위기가 Down
- 수금이 지연되거나, 또는 수금 일자 연장 요청
- 동종 업계의 소문
- 한가로운 생산 현장
- 텅 빈 물류창고

이와 같은 현상은 영업사원이 고객 방문 시 파악할 수 있는 현상이다. 평소와 다른 변화가 있을 경우 그냥 지나치지 말고 주의 깊게 관찰하고 문제가 있다고 판단되면 만약의 사태를 가정하여 대응책을 마련해야 한다.

이제 몇 가지 사례를 통해 현장에서 영업사원이 실수하기 쉬운 상황을 살펴보자.

2) 정보 수집 실패 사례

(1) 예제1

거래선 A사는 10년간 거래를 한 장기고객이다. 최근 수금 이행이 4개월간 되지 않아 매출채권이 증가하고 있다. 영업 담당자는 A사에 미수 매출채권의 수금 요청을 했으나 A사 구매 담당자는 미중 무역분쟁으로 인한 일시적인 현상이고 미중 무역분쟁이 해결되면 우선적으로 미수채권을 해결하겠다고 한다. 공장 가동을 위해 영업사원에게 제품 공급을 조속히 요청했다.

영업 담당자는 A사의 최근 상황과 더불어 A사 대표이사는 3대 독자이고, 어머니는 여의도에 20층 빌딩을 소유하고 있고, 연간 20억의 임대수익이 있다고 한다. 문제가 발생하면 어머니가 문제를 해결할 것이라 하고 미수채권 회수는 아무런 문제가 없다고 영업중역에게 보고하였다.

질의사항

Q1: 영업사원의 문제는 무엇인가?

영업사원의 문제점은 다음과 같다.

A1: 기존에 입수한 정보와 현재 상황은 연계성이 없다.
A2: 위험 발생에 대한 대응 방안이 없다.

(2) 예제1 검토

영업 담당자는 A사와 거래를 하면서 입수한 A사 대표이사의 가족 상황과 관련된 정보를 근거로 미수채권에 문제가 없다고 추론하였다. 현재 A사의 자금 사정 악화는 미중 무역분쟁이 원인으로 수출이 중단되어 매출이 감소하고 이로 인해 현금 유동성 부족현상이 발생한 것이다. 미중 무역분쟁은 A사의 희망 사항과 관계없이 언제 해결될지 모른다. 또한, A사 대표이사 어머니가 보유한 자산과 A사의 미수채권은 별개의 사항이다.

영업 담당자의 잘못된 판단은 믿고 싶은 것과 사실의 혼동이다. 기존에 입수된 정보(어머니 자산)와 현재 상황과 전혀 연계성이 없다. 만약 어머니로부터 채무 보증서를 받았으면 타당성은 있다. 담당자로서 위험 발생 가능성에 대한 대비책 마련이 전혀 없었다. 채권이 증가하는 상황에서 아무런 대책 없이 제품을 추가적으로 공급하는 것은 위험을 더 키우는 행위이기 때문에 보완책을 상대에게 요구해야 한다.

- 믿고 싶은 것과 사실을 혼동하지 마라!
- 위험 가능성에 대한 최소한의 대응 방안을 마련하라!

부도 이후에 문제 해결 과정에서 영업사원이 수요처의 이야기를 믿고 무작정 기다리는 경우도 이와 유사한 경우이다. 약속 이행이 안 되는 경우를 대비하여 차선의 대책을 요구해야 한다.

(3) 예제2

B사는 C사의 주요 고객이다. B사는 전자부품 회사로 해외에 수출하는 기업이다. 최근 미중 무역분쟁으로 전자부품 판매가 위축되었고, 이에 C사는 미수채권이 2개월 이상 증가되었다. C사의 경우 사내 규정에 따라 미수채권이 2개월 이상 증가되면 자동적으로 출고가 중지된다.

B사는 현재 무역분쟁으로 발생한 상황에서 B사의 제품상에는 아무 문제가 없고, 상황이 호전 시 다시 해외시장에 판매할 수 있다고 자신하고 있다. 자금 상황이 호전될 경우 우선적으로 C사에 대금결제를 약속하며 오랜 기간의 거래 관계를 감안해 일시적 미수채권에 대한 유예와 제품을 지속적으로 공급하여 주기를 요청하였다.

C사의 영업 담당자는 이러한 사실을 영업임원에게 보고하였고, 회사는 경영회의를 통해 일시적 미수채권 유예와 제품 공급을 하였다. 그러나 3개월 이후 자금 압박을 견디지 못하고 부도 처리되었다.

(4) 예제2 검토

과연 이 경우 영업사원의 잘못으로 보아야 하는가? 이와 유사한 상황이 발생한 경우 영업사원이 책임을 지고 징계받는 것을 종종 목격한다. 영업사원은 우선 정확한 상황을 보고하였다. 회사가 부도 위험을 인지하고도 정책적으로 결정한 사항에 대해서는 부도가 발생해도 영업사원의 인사 징계는 면책되어야 한다.

문제 발생에 대한 책임을 영업사원에게 전가하면 영업사원 전체의 사기는 저하되고, 직원들의 회사에 대한 신뢰가 무너지게 된다. 이처럼 면책되는 경우는 사실을 왜곡하지 않고 정확히 보고한 경우만 해당된다.

6. 신규업체 조사 (비재무적 관점)

신규업체를 접촉 시 우선적으로 사용 가능성, 경쟁사 제품 사용 여부, 요구 물성, 사용량 및 제반 조건을 검토하고 제품 검증을 받은 후에 신용기관에 신용조사를 마친 후 공급을 시도한다.

이러한 기능적 측면 이외에 다른 사항의 업체 조사가 필요하다. 신용평가 기관을 통한 조사는 재무적 관점의 조사다. 재무적 관점의 조사는 숫자로 과거의 기업 상태를 알려준다. 이와 함께 비재무적 관점에서 기업조사를 권장하고 싶다.

비재무적 관점에서 기업조사는 기업의 미래를 예측 가능하다. 기업이 지향하고 있는 경영의 이념과 비전, 추구하는 경영 방식, 성장 가능성을 살펴보고 장기적 거래 여부를 검토해야 한다. 비재무적 관점에서 살펴보아야 할 부분은 다음과 같다.

(1) 경영자

(2) 우수 팀장

(3) 직원 사기

(4) 규정 준수

(5) 교육 훈련

(6) 공정, 공평

(1) 경영자

경영자는 바로 회사의 모습을 보여 주는 거울이고, 미래다. 경영자가 추구하는 것이 회사의 방향성을 결정하고 미래 모습이 될 수 있다. 또한, 경영자가 바른 기업가인지, 이익만 추구하는지 확인할 필요가 있다. 경영자가 바르게 기업을 이끌고 있으면 자연히 직원의 사기는 높아져 생산성은 향상되고, 직원은 회사가 정한 규율을 준수하고, 인재 양성을 위한 교육을 강화하며, 이런 분위기가 널리 확산되어 유능한 인재들이 모이게 되고, 회사는 더욱더 성장할 수 있게 된다.

반면 경영자가 바르지 못한 경우 회사는 경영자에 의해 불공정, 불평 등이 만연하게 된다. 경영자가 바르지 못하기 때문에 개인적으로 좋아하는 유형만 편애하고, 때론 회사가 정한 규율도 무시하고, 편애하는 직원만 우대하게 된다. 이때 직원들 사기는 저하되고, 회사가 정한 규율은 무용지물이 된다. 편애하는 직원을 우대하는 과정에서 불공정, 불평등이 발생하고 이로 인하여 우수인력이 먼저 이탈을 하고, 시간의 조정을 거쳐 그 기업은 도태된다. 과거 일부 기업 경영자의 잘못된 행동으로 인해 주가가 하락하고, 기업 이미지가 훼손되어 고객에게 외면을 받았다. 이처럼 경영자의 바른 역할과 행동이 매우 중요하다.

여러분 거래선 내부의 다양한 채널(구매, 생산, 기술, 물류 등)과 동종 업계를 통해 경영자를 주의 깊게 살펴봐라.

(2) 우수 팀장

경영자는 시간적, 공간적 제약으로 모든 것을 다 잘할 수 없다. 경영자를 대신해 부족한 부분을 채우는 역할을 하는 것이 바로 중역과 팀장이다. 우수한 팀장을 많이 보유한 기업은 경쟁업체보다 빠르게 성장 가능하고, 기업의 성장은 우수 팀장의 보유 비율과 비례한다.

직급이 낮은 경우는 주어진 문제만 잘 처리하면 된다. 허나 직급이 올라갈수록 스스로 문제를 설정하고 해결할 수 있는 능력이 요구된다. 우수한 팀장일수록 문제 해결 능력이 뛰어나다. 우수한 팀장은 개인의 역량을 집중, 발휘하여 새로운 업적을 이룰 수 있는 기반을 마련하거나, 팀성과를 높이는 데 노력한다. 팀장의 영향력은 부하직원과 주변 동료에게 영향을 많이 준다. 부하직원은 팀장의 업무 수행 과정을 보며 직·간접적으로 영향을 받고 역량을 향상시키며 미래 우수 인재로 성장하게된다.

우수한 팀장은 직원에게 선한 영향력을 미쳐 직원들이 스스로 사고하고 업무능력을 향상시키도록 격려와 조언을 주고, 중간중간에 Feedback을 제공한다. 이런 선한 영향력이 직원들에게는 닮고 싶은 상사로 자리 잡고, 많은 직원이 노력하고 배우려고 한다.

무능한 팀장은 개인의 영달을 최우선으로 생각한다. 일하는 데 있어 과정보다 결과를 중시하고, 회의 시 본인과 반대되는 직원의 의견을 자신에 대한 도전이라 생각하고, 경쟁자로 여긴다. 직원에게 획일적 사고, 충성을 강요하고 직원의 업무 향상을 위한 조언과 격려가 부족하다. 이러한 행동이 직원에게 악한 영향력을 미쳐 함께 일하면서 좌절감과 무기력을 제공해서 결과적으로 팀의 사기를 떨어뜨린다.

직원에게 선한 영향력과 때론 악한 영향력을 미치는 것이 팀장이다. 회사가 발전하려면 각 부분에 우수한 역량을 보유한 팀장이 많을수록 혁신과 개선을 통해 성장한다.

오늘날 많은 우량기업은 우수한 경력자 확보를 위해 외부에서 인력을 모집하려 최선의 노력을 하고 있고, 내부적으로도 인재 양성을 위해 교육 분야에도 많은 투자를 실시하고 있다.

(3) 직원 사기

직원 사기는 기업의 생산성을 높이는 데 가장 중요한 요소다. 올바른 경영자와 경영이념, 유능한 팀장의 업무개선 Idea 활동 등 그것을 실행하는 것은 바로 직원이다.

직원 사기가 높아지면 스스로 일을 하고 싶은 마음이 들게 되고 생산성을 높인다. 직원 사기에 영향을 주는 것은 급여, 근로시간, 복리후생, 개인의 의견 존중, 만족스러운 일과 생활의 균형 등 다양한 요소가 많다. 일하기 좋은 직장을 만들기 위해 많은 우수기업이 불만의 요소를 제거하고 사기를 증진하기 위해 노력을 실천한다.

직원의 사기가 저하되는 경우, 일을 하고 싶은 의욕이 없어지고 이에 생산성은 급격히 하락되어 재무적 손실을 초래한다. 이런 요인의 발생 원인은 낮은 급여와 성과급, 불공정, 불평등 만연, 열악한 복리 수준, 강압적 직장문화, 개인 비존중 등 다양하다.

단순히 직원 불만을 해소하기보다 자발적 참여를 유도해 개인의 자율성을 중시하는 문화로 전환하고, 근무 환경을 꾸준히 개선하고 소통과 배려를 중시하는 조직이 될 때 직원의 사기는 고취되고 기업의 생산성이 향상된다.

(4) 규정 준수

회사 규정은 회사의 조직 구성원이 지켜야 할 약속과 기준, 규범을 의미한다. 회사 규정은 업무 분장 규정, 복무 규정, 인사 규정, 급여 규정 등 일반적 사규와 영업, 구매, 생산, 품질관리, 연구 등 분야별 규정으로 나뉘어 있다.

규정은 시대적 상황과 환경에 따라 개정된다. 기업마다 규정은 다르게 적용한다. 만약 일부 규정이 현실과 적합하지 않은 경우, 직원들이 건의를 통해 규정을 개정하면 된다. 우량 회사는 공통의 목표를 위해 직원들이 규정을 준수하려고 노력한다. 규정을 무시하는 직원들이 많은 기업은 정책과 전략 시행이 잘 이루어질 수 없고 미래 성장 가능성이 낮다. 영업사원은 고객을 방문하여 직원들이 규정을 준수하고 있는지 관찰하라.

(5) 교육 훈련

신입사원이 입사를 해도 사회에서 요구하는 역량은 부족하다. 기업은 직원들에게 각 분야에서 필요한 전문 교육 기회를 제공하며, 교육을 통해 직원들은 단계적으로 전문가로 양성된다.

직원에게 교육 기회를 부여하는 것은 우수인력으로 인해 미래가 밝다는 것을 의미한다. 현실 여건에 맞게 교육을 하면 된다. 직원에게 교육 기회를 제공할 의사가 있는 기업인가, 아닌가?

여러분은 어떤 고객과 거래를 희망하는가? 전문가 기업인가? 비전문가 기업인가? 전문가 기업일수록 미래에 성장할 가능성이 높다.

(6) 공정, 공평

직장이라는 공간에서 많은 사람과 함께 각기 다른 업무를 하고 있다. 만약 내가 다른 누군가보다 차별 대우를 받고 있다고 생각하면 이직을 생각하고 일의 능력은 떨어지기 시작한다.

그렇게 느끼는 직원이 많으면 많을수록 기업의 생산성은 떨어진다. 경영진이 '우리는 공정하고 공평하다' 한다면 이런 말을 믿지 마라. 공정과 공평은 직원이 느끼는 것이다. 직원들이 공정하고 공평하게 느끼는지 살펴봐라.

손자병법의 손무는 전쟁을 하기 전에 상대국의 왕이 어떤 정치를 추구하는지, 우수한 장수를 보유하고 있는지, 백성과 군사들의 사기는 어떠한지, 규율에 따라 군대가 움직이는지, 군사들 훈련은 어떠한지, 국가 운영을 공정하고 공평하게 하는지 살펴보게 하였다. 상대가 많은 자원과 병력을 가져도 상관이 없다. 이런 부분이 적의 상황을 파악하기에 더욱 효과적이다.

기업의 경영도 마찬가지다. 어느 한 부분이라도 제대로 기능을 하지 못하면 연쇄작용이 일어나서 반드시 좋은 결과를 얻지 못한다. 설사 지금 좋은 성과가 있어도 오래 지속될 수 없다. 기업은 유기체와 비슷해 시간이 지나면 변할 수 있다.

비재무적 관점에서 업체 조사는 신규 고객뿐만 아니라 기존 고객, 경쟁사 모두가 조사 대상이다. 이런 형태의 조사는 대상 기업의 미래를 예측하는 데 매우 중요한 판단 요소가 된다. 이 조사를 통해 성장 가능한지? 퇴보할 것인지 판단하고, 성장 가능한 기업과는 유대관계를 강화하고 신사업을 공동으로 연계할 수 있는 방안을 찾도록 하면 성장 결실을 함께 누릴 수 있다.

반면 퇴보가 예상되는 기업과는 거래 관계를 서서히 축소하고 대처 방안을 찾아야 한다. 시간이 흘러도 변하지 못할 경우 퇴보의 시간은 빠르게 다가온다. 비재무적 관점에서의 업체 조사는 거시적 흐름을 파악할 수 있어 항상 염두에 두고 주의 깊게 살펴보길 바란다. 경쟁사도 이런 관점에서 조사를 하면 경쟁사와 비교하여 어떤 부분이 우위에 있고, 어떤 부분이 열위에 있는지 객관적으로 파악할 수 있다.

재무적 관점의 조사는 과거 시점의 결과다. 물론 재무적 관점의 조사도 기업 분석 시 중요하다. 비재무적 관점에서 조사하면 이를 활용하여 다양한 영업전략을 전개하는 데 매우 유용하다.

6장

환경 변화의
대응 방안

영업의 성과가 저조하게 나타나는 경우 다음과 같은 원인에 의해 발생한다. (1) 잘못된 원인을 모를 경우, (2) 관행적으로 업무 처리, (3) 환경 변화에 부적합 대응이다.

(1) 잘못된 원인을 모를 경우

요즘 골프가 TV 프로그램 영향으로 매우 인기가 높다. 모든 골퍼들은 다 좋은 점수를 기대하고 열심히 연습을 한다. 실력이 좋은 골퍼는 좋은 점수를 유지하기 위해 연습을 하고, 점수가 낮은 일명 백돌이들도 점수 향상을 위해 연습장에서 열심히 연습을 한다. 백돌이들이 오랜 기간 동안 열심히 연습한다고 좋은 점수를 기대할 수 있을까? 유감스럽게도 다수의 골퍼들은 열심히 연습을 해도 기대하기 어렵다. 점수가 안 좋은 경우, 원인이 있는데도 불구하고 연습만 열심히 하면 잘못된 자세가 고착화되어 오히려 스윙 교정을 더 어렵게 한다. 반면에 전문가에게 원포인트 레슨을 받고 잘못된 점을 고쳐나가는 골퍼는 점수가 향상된다. 영업 현장에서도 마찬가지다. 영업사원이 잘못된 원인을 파악하지 못한 채 열심히 한다고 지금보다 나아질 수 없다. 우선 잘못된 원인을 파악해야 한다.

(2) 관행적으로 업무 처리

새로운 문제가 발생하였을 경우 또는 변화와 혁신을 시도하려고 할 때 직원으로부터 "과거에도 우리는 이렇게 처리했는데요!"라고 보고를 받는다. 업무의 원리를 파악하지 못한 상태에서 관행적으로 업무를 처리하는 경우에 발생한다. 실제로 기업에서 원리를 모른 채 관행적으로 업무를 처리하는 경우가 의외로 많다.

(3) 환경 변화에 부적합 대응

기업의 환경은 수시로 변화한다. 기업의 자율적 의사와 상관없이 수시로 변화하고 그 영향이 재무적 성과까지 영향을 미친다. 고객의 활동으로 인한 주문량이 변화되기도 하고, 거래선 구매 정책 변화로 판매에 영향을 주기도 하고, 품질 문제 발생으로 공급이 중단되기도 하며, 경쟁회사의 공격적 영업으로 판매가 감소하기도 하고, 정부의 정책 변화로 판매에 직접적 영향을 받을 수 있다.

만약 어떤 기업이 상황 변화와 관계없이 항상 동일한 방법으로 대응하면 어떻게 될까? 결과가 좋지 않을 가능성이 매우 높다.

상황별로 대응 방안을 많이 보유한 영업조직은 대응 방안을 적게 보유한 영업조직보다 시장 장악력이 높고, 문제 발생 시 해결 능력 또한 높다.

다양한 환경 변화 사례와 영업현장에서 발생되는 잘못된 행동을 살펴보며 여러분과 함께 상황별로 적질하고 효율적인 대응 방안에 대해 서로의 의견을 교환해 보자.

1. 주문량 변화

어느 날 고객에게 평소보다 많은 주문량을 받은 경우와 평소보다 적은 주문량을 받은 경우를 가정하고 이때 영업사원의 행동을 분석해 보자. 두 가지 상황에서 영업사원 행동은 일반적으로 다르게 나타난다.

(1) 150% 증가된 주문 접수 시 영업사원의 행동

증가된 주문 접수 후 바로 상사에게 주문 증가 상황을 보고하고 현재 보유 재고 물량 확인 후 재고가 있으면 즉시 제품 인도를 한다(단 재고 부족시 공장에 생산 의뢰하고 생산 후 제품 인도한다).

(2) 50% 감소된 주문 접수 시 영업사원의 행동

감소된 주문 접수 후 보유 재고 물량 확인 후 제품 인도한다. 이후 감소된 원인을 파악하여 상사에게 보고한다. 여러분이 영업중역이라면 다음과 같은 질문에 대답해 보자.

질의사항

Q1: 어떤 상황의 영업사원 행동이 바람직한가?

Q2: 어떤 상황의 영업사원 행동이 바람직하지 않은가?

Q3: 어떤 행동이 문제인가?

(3) 원인 파악 여부

증가된 주문량을 접수받은 경우 영업사원은 상황 보고 시에 "이번 달에 고객에게서 많은 주문량을 받았습니다", "금월에는 좋은 판매 실적이 기대됩니다"라는 좋은 소식을 상사에게 전한다. 상사도 좋은 실적을 기대하며 기뻐한다.

반면 감소된 주문량을 접수받은 경우, 영업사원은 제품을 인도한 이후, 주문량 감소 원인을 확인 후 "이번 달에 어떤 원인으로 고객에게 적은 주문량을 받았습니다"라는 나쁜 소식을 상사에게 보고한다.

이러한 행동의 차이는 바로 원인 파악 여부다. 평소보다 주문량이 급등하는 원인을 추정하면 다음과 같다.

① 고객의 신제품, 신규 시장 개발로 수요 증가

② 계절적 요인의 물량 확보차

→ 명절, 정기휴가, 연말 공장 정기보수 등

③ 시장 변동 요인에 의한 사전 비축

→ 고객의 후방산업 변화 또는 원료가격 폭등으로 발생

④ 자금 부족으로 사전 원료 확보

→ 현금 유동성 부족 시 사전에 발주를 통한 원료 확보

공급자 입장에서 ①은 향후 계속 주문량이 증가될 수 있어 가장 바람직한 상황이다. 그러나 ③의 경우 향후 원가 인상의 요인이 될 수 있다. ④의 경우는 향후 장기 미수채권이 될 수 있다.

・주문량이 급격히 증가할 때 원인을 먼저 파악하라!

상거래를 할 때 서로의 입장이 다르고 이에 따라 서로 다른 관점이 존재한다. 이런 관점의 차이가 판단과 행동에 영향을 미친다.

2. 주문량 변화 시 (영업사원 관점)

주문량 변화 시 서로 다른 관점을 알아보기 위해서 영업사원의 4가지 행동과 대응 방안에 대해 각각 판단과 행동에 주의할 점을 살펴보기로 하자.

1) 김영업 대리의 대응1

A사는 미래기업과 10년간 거래를 하고 있는 장기고객이다. 현재 A사는 구매 다원화 정책으로 미래기업을 포함하여 2개의 공급업체가 공급 중이다. 미래기업을 담당하고 있는 김영업 대리는 상반기 판매 부진으로 상사에게 영업실적 부진에 대한 질책을 받았다. 9월 초 A사 구매 담당으로부터 월평균 2배가 넘는 주문을 받았다. 김영업 대리는 기쁜 마음으로 고객이 원하는 물량을 즉시 공급했다.

Q1: 김영업 대리의 잘못된 행동은 무엇인가?

Check Point

잘못된 행동: 상황 변화 시 원인 파악이 없다.

실적만 중시하게 되면 다른 생각은 못 한다. 오직 실적만 보고 판단할 뿐이다. 이런 현상은 실제 영업현장에서 많이 발생하고 있다. 특히 상사가 실적 달성에 집중할수록 영업사원들은 다른 상황 파악을 미처 하지 못한다. 상황 변화에는 상응하는 원인이 있다. 현명한 영업사원은 원인을 먼저 파악해야 한다.

2) 김영업 대리의 대응2

A사는 미래기업과 10년간 거래를 하고 있는 장기고객이다. 현재 A사는 구매 다원화 정책으로 미래기업을 포함하여 2개의 공급업체가 공급 중이다. 미래기업을 담당하고 있는 김영업 대리는 상반기 판매 부진으로 상사에게 영업실적 부진에 대한 질책을 받았다. 9월 초 A사 구매 담당으로부터 월평균 2배가 넘는 주문을 받았다. **김영업 대리는 구매 담당에게 주문량이 급등한 원인을 문의한바 수출 물량 증가로 인해 주문량이 증가된 사실을 확인하고서 바로 원하는 수량을 공급하였다.**

Q1: 구매 담당에게 원인을 파악하고서 이후에 물량을 공급했다. 이때 잘못
　　된 김영업 대리의 행동은 무엇인가?

Check Point

잘못된 행동: 구매자가 제공한 정보에 대한 점검이 미흡하다. 정보 입수 후
　　　　　사실 여부 확인이 필요하다.

　영업사원은 상대로부터 취득한 정보를 반드시 확인해야 한다. 취득한
정보가 사실인 경우 문제가 없지만, 만약 취득한 정보가 사실과 다른 경
우 문제가 발생한다.

　잘못된 정보는 잘못된 판단을 하게 하며 이로 인해 잘못된 의사결정
을 하게 된다. 전쟁에서도 잘못된 정보를 취득한 후 확인을 못 한 채 의
사결정을 하고 전쟁에서 패한 사례는 수없이 많다. 회사가 잘못된 정보
를 확인 없이 최종 의사결정을 하면 그 피해는 매우 크고 치명적이 될
수 있다.

　영업사원은 이런 실수 방지를 위해 취득한 정보에 대해 반드시 정보
점검을 해야 한다.

3) 김영업 대리의 대응3

　A사는 미래기업과 10년간 거래를 하고 있는 장기고객이다. 현재 A사
는 구매 다원화 정책으로 미래기업을 포함하여 2개의 공급업체가 공급

중이다. 미래기업을 담당하고 있는 김영업 대리는 상반기 판매 부진으로 상사에게 영업실적 부진에 대한 질책을 받았다. 9월 초 A사 구매 담당으로부터 월평균 2배가 넘는 주문을 받았다. 김영업 대리는 구매 담당에게 주문량이 급등한 원인을 문의한바 수출 물량 증가로 인해 주문량이 증가된 사실을 확인하고서 **주어진 정보 점검을 위해 업계와 사내 구매팀에게 확인한 결과, 주원료 공급선 설비문제로 세계시장의 원료 부족사태가 발생한 것을 알았다. 정상적으로 회복하려면 약 6개월간 시간이 소요된다고 한다. 현재 해당 원료를 4개월 재고를 보유하고 있고, 추가로 물량 확보를 할 경우 평균 원료가격이 상승될 수 있다고 한다. 현재 제품 공급에는 이상이 없음을 파악하였다. 김영업 대리는 A사 구매 담당자와 협의하여 9월 공급분은 종전가격으로 공급하고 다음 달부터 가격 인상 합의를 보았다.**

질의사항

Q1: 김영업 대리의 잘못된 행동은 무엇인가?

Check Point

전략적 사고가 미흡했다. 구매자의 구매 이원화 정책을 감안한 대응 전략이 요구된다.

영업사원이 주어진 정보를 취득하고 정보 사실 여부를 확인 후 의사결정을 실행한다. 이것은 바른 영업사원의 행동이다.

고객이 이원화 구매 정책을 하는 상태에서 경쟁사의 반응을 살펴야 한다. 구매 담당자는 미래기업과 동일한 요구를 할 가능성이 높다. 정확한 상황 파악은 어렵지만, 조건 제시를 통해 경쟁사 대응을 파악 가능하다. 경쟁사가 구매자의 조건을 수용할 경우 구매자는 미래기업 김영업 대리에게 동일한 조건을 요구할 것이다. 주의 깊게 살펴봐야 한다.

의사결정 시에는 주어진 상황의 조건 점검이 필요한데 회사의 관점, 고객의 관점 그리고 미래의 영향을 감안하여 의사결정을 해야 한다. 여기서 미래의 영향이란 정상화 이후의 상황을 말한다.

4) 김영업 대리의 대응4

A사는 미래기업과 10년간 거래를 하고 있는 장기고객이다. 현재 A사는 구매 다원화 정책으로 미래기업을 포함하여 2개의 공급업체가 공급 중이다. 미래기업을 담당하고 있는 김영업 대리는 상반기 판매 부진으로 상사에게 영업실적 부진에 대한 질책을 받았다. 9월 초 A사 구매 담당으로부터 월평균 2배가 넘는 주문을 받았다. 김영업 대리는 구매 담당에게 주문량이 급등한 원인을 문의한바 수출 물량 증가로 인해 주문량이 증가된 사실을 확인하고서 주어진 정보 점검을 위해 업계와 사내 구매팀에게 확인한 결과, 주원료 공급선 설비문제로 세계시장의 원료 부족사태가 발생한 것을 알았다. 정상적으로 회복하려면 약 6개월간 시간이 소요된다고 한다. 현재 해당 원료를 4개월 재고를 보유하고 있고, 추가로 물량 확보를 할 경우 평균 원료가격이 상승될 수 있다고 한다. 현재 제품 공급에는 이상이 없음을 파악하였다. **경쟁사는 원료 재고 문제로 인해 구매자가 원하는 물량을 충족하지 못하고 있는 사실을 알게**

되었다. 김영업 대리는 회사와 고객의 관점 그리고 미래 영향까지 감안하여 구매 담당자와 다음과 같이 업무를 처리하였다.

① 미래기업의 현재 상황을 설명한다. 원료 재고 문제로 불가피하게 요청한 수량 공급이 힘들다.

② A사 이외 타 공급선은 금월부터 물량 통제 예정이다.

③ 월평균 공급량 수준에서 공급예정이다(최대 120%).

④ 우수 고객을 감안해 공급 안정성은 최대한 보장 예정이다.

⑤ 가격 인상은 내부적으로 협의하여 최선을 다 하겠다.

⑥ 향후 안정화 시 경쟁사 대비 배정 물량 확대를 요청한다.

질의사항

Q1: 대응4로 처리한 김영업 대리의 행동은 어떠한가?

Q2: 이전 방법과 비교해 잘 처리한 것은 무엇인가?

Q3: 더 좋은 방안이 있다고 하면 그 이유는 무엇인가?

Check Point

김영업 대리는 회사와 고객의 입장을 감안하여 최선의 방안을 제시하는 모습을 보여 주고 있다. 또한, 안정화 이후 본인 입장을 감안하여 배려를 해 달라는 제안을 하고 있다.

정답은 없다. 어떤 방법으로 진행해도 영업실적은 발생한다. 여러분 스스로 어떤 방법이 최선의 방안인지 생각하고서 선택하면 된다. 구매자 관점에서 살펴보면 어떠한 방법이 효율적인지 확인 가능하다. 이제 구매자 관점에서 영업사원 행동에 대해 검토해 보자.

3. 주문량 변화 시 (구매자 관점)

1) 김영업 대리의 대응1

A사는 미래기업과 10년간 거래를 하고 있는 장기고객이다. 현재 A사는 구매 다원화 정책으로 미래기업을 포함하여 2개의 공급업체가 공급 중이다. 미래기업을 담당하고 있는 김영업 대리는 상반기 판매 부진으로 상사에게 영업실적 부진에 대한 질책을 받았다. 9월 초 A사 구매 담당으로부터 월평균 2배가 넘는 주문을 받았다. 김영업 대리는 고객이 원하는 물량을 즉시 공급했다.

질의사항 (구매자 입장)

Q1: 구매자는 김영업 대리의 행동에 대해 어떻게 생각할까?

→ 고맙다(X), 호구(O)

Check Point

- 변화 요인을 미확인한 상태에서 공급했다.
- 다른 공급업체 행동도 체크하며 비교 검토 가능하다.

구매자 입장에서 미래기업의 김영업 대리가 물량 증량 요청에 대해 즉각적 처리를 한 행동에 대해 고맙다는 생각보다 구매자 본인이 정보 활용을 잘해서 물량을 확보했다고 생각할 것이다.

구매 이원화 시 항상 경쟁사 영업사원과 비교된다. 이런 경우 김영업 대리는 실력과 정보를 갖춘 영업사원이기보다 시장 정보에 둔감한 무능한 영업사원으로 평가된다.

2) 김영업 대리의 대응2

A사는 미래기업과 10년간 거래를 하고 있는 장기고객이다. 현재 A사는 구매 다원화 정책으로 미래기업을 포함하여 2개의 공급업체가 공급 중이다. 미래기업을 담당하고 있는 김영업 대리는 상반기 판매 부진으로 상사에게 영업실적 부진에 대한 질책을 받았다. 9월 초 A사 구매 담당으로부터 월평균 2배가 넘는 주문을 받았다. 김영업 대리는 구매 담당에게 주문량이 급등한 원인을 문의한 바 수출 물량 증가로 인해 주문량이 증가된 사실을 확인하고서 바로 원하는 수량을 공급하였다.

질의사항 (구매자 입장)

Q1: 원인을 확인하려는 김영업 대리의 자세는?

→ Good(○), Bad(X)

Q2: 구매자는 김영업 대리의 행동에 대해 어떻게 생각할까?

→ 고맙다(X), 호구(○)

- 구매자 제공정보가 100%가 사실이 아닐 수 있다.
- 불리한 구매자의 정보는 절대 제공하지 않는다.

공급자와 구매자 간에 거래 시 정보를 교환한다. 정보 교환 시 공급자는 사실에 근거해 정보를 제공한다. 만약 제공한 정보가 사실이 아닐 경우 구매자로부터 불신을 받고 거래에 영향을 미치기 때문이다. 만약 공급자에게 허위 정보를 제공한다면 그건 공급자로서 문제가 있다.

반면에 구매자가 정보를 제공하는 경우 가공된 정보 제공을 할 수 있다. 그것은 상황을 유리하게 전개하기 위해 70%의 사실과 30%의 구매 입장을 반영해서 제공하기도 한다. 미래기업의 김영업 대리는 제공된 정보의 확인을 못 하였다. 이런 점을 보고 구매 담당자는 김영업 대리를 어리석다고 평가할 수 있다.

3) 김영업 대리의 대응3

A사는 미래기업과 10년간 거래를 하고 있는 장기고객이다. 현재 A사는 구매 다원화 정책으로 미래기업을 포함하여 2개의 공급업체가 공급 중이다. 미래기업을 담당하고 있는 김영업 대리는 상반기 판매 부진으로 상사에게 영업실적 부진에 대한 질책을 받았다. 9월 초 A사 구매 담당으로부터 월평균 2배가 넘는 주문을 받았다. 김영업 대리는 구매 담당에게 주문량이 급등한 원인을 문의한바 수출 물량 증가로 인해 주문량이 증가된 사실을 확인하고서 주어진 정보 점검을 위해 업계와 사내

구매팀에게 확인한 결과, 주원료 공급선 설비문제로 세계시장의 원료 부족사태가 발생한 것을 알았다. 정상적으로 회복하려면 약 6개월간 시간이 소요된다고 한다. 현재 해당 원료는 4개월 재고를 보유하고 있고, 추가로 물량 확보를 할 경우 평균 원료가격이 상승될 수 있다고 한다. 현재 제품 공급에는 이상이 없음을 파악하였다. 김영업 대리는 A사 구매 담당자와 협의하여 9월 공급분은 종전가격으로 공급하고 다음 달부터 가격 인상 합의를 보았다.

질의사항 (구매자 입장)

Q1: 김영업 대리는 정보를 파악하고 있는가?

→ Yes(○), No(X)

Q2: 김영업 대리의 제안이 타당성이 있는가?

→ Yes(○), No(X)

Check Point

- 원료 공급이 부족한 상태에서 공급 안정성이 최우선
- 구매자 고려 순위: 1위 공급 안정성 → 2위 가격

구매자 입장에서는 미래기업 김영업 대리가 문제의 원인을 파악하고 있다고 생각한다. 외부의 환경 변화로 원료 공급 문제가 발생할 경우 이때 구매자는 공장 가동 중단을 가장 염려한다.

다른 공급자가 안정적으로 물량을 공급하고 가격 인상이 없을 경우는 미래기업에 항의할 수 있다. 그러나 현 상황에서 공급자의 가격 인상은

문제가 되지 않는다. 안정적 물량 확보가 구매자의 최우선 과제이기 때문이다. 공급에 이의제기가 없는 상태에서 가격 인상 제안에 타당성이 있다고 판단할 수 있다.

4) 김영업 대리의 대응4

A사는 미래기업과 10년간 거래를 하고 있는 장기고객이다. 현재 A사는 구매 다원화 정책으로 미래기업을 포함하여 2개의 공급업체가 공급 중이다. 미래기업을 담당하고 있는 김영업 대리는 상반기 판매 부진으로 상사에게 영업실적 부진에 대한 질책을 받았다. 9월 초 A사 구매 담당으로부터 월평균 2배가 넘는 주문을 받았다. 김영업 대리는 구매 담당에게 주문량이 급등한 원인을 문의한바 수출 물량 증가로 인해 주문량이 증가된 사실을 확인하고서 주어진 정보 점검을 위해 업계와 사내구매팀에게 확인한 결과, 주원료 공급선 설비문제로 세계시장의 원료 부족사태가 발생한 것을 알았다. 정상적으로 회복하려면 약 6개월간 시간이 소요된다고 한다. 현재 해당 원료는 4개월 재고를 보유하고 있고, 추가로 물량 확보를 할 경우 평균 원료가격이 상승될 수 있다고 한다. 현재 제품 공급에는 이상이 없음을 파악하였다. 경쟁사는 원료 재고 문제로 인해 구매자가 원하는 물량을 충족하지 못하고 있는 사실을 알게 되었다. 김영업 대리는 회사와 고객의 관점 그리고 미래 영향까지 감안하여 구매 담당자와 다음과 같이 업무 처리하였다.

① 미래기업의 현재 상황을 설명한다. 원료 재고 문제로 불가피하게 요청한

수량 공급이 힘들다.

② A사 이외 타 공급선은 금월부터 물량 통제 예정이다.

③ 월평균 공급량 수준에서 공급예정이다(최대 120%).

④ 우수 고객을 감안해 공급 안정성은 최대한 보장 예정이다.

⑤ 가격 인상은 내부적으로 협의하여 최선을 다하겠다.

⑥ 향후 안정화 시 경쟁사 대비 배정 물량 확대를 요청한다.

질의사항 (구매자 입장)

Q1: 김영업 대리는 정보를 파악하고 있다?

→ Yes(○), No(X)

Q2: 김영업 대리 제안에 타당성이 있다?

→ Yes(○), No(X)

Q3: 김영업 대리 행동대처에 도움을 받았다?

→ Yes(○), No(X)

Check Point

- 구매자 입장을 고려한 적절한 대안 제시(해결용 보고서 제시)
- 공급자가 구매자를 위해 최선의 노력을 하고 있다.
- 구매자 경험의 가치는 신뢰와 만족이다.

우리는 주문량 변화 시 김영업 대리의 4가지 대처 방안을 살펴보았다. 동일한 상황에서 영업사원 판단 차이로 서로 다른 행동이 나타날 수 있다. 물론 어떤 방법을 선택하여도 영업실적은 존재한다. 단 어떤 방법을 선택하는가에 따라 현재 그리고 미래의 결과는 달라진다는 것을 인지해야 한다.

나 스스로 잘못된 행동을 알게 되면 차후에 동일한 문제는 발생하지 않는다. 반면 나의 실수를 인지하지 못하면 동일한 실수는 계속 반복된다. 그리고 상대가 나도 모르게 호구라고 평가한다. 실제 영업현장에서 영업사원의 '대응-1, 대응-2'는 자주 발생하고 반복된다. 영업사원의 역량이 부족하거나 영업조직이 비효율적 운영을 할 때 이 같은 현상은 자주 발생하고 반복된다.

문제 해결을 위해 상황 변화 시 영업사원은 우선 원인을 파악하고 발생한 원인의 정보 점검을 하고 이를 바탕으로 회사와 고객의 관점을 고려하고, 장기적 영향을 고려하여 전략을 수립 후 고객과 협의를 하면 된다. 고객과 협의 시 최선을 다하는 영업사원의 모습, 즉 좋은 이미지를 전달해 미래에 긍정적 영향을 미치도록 하는 것이 영업전문가다.

상황 변화 시 대응 방안

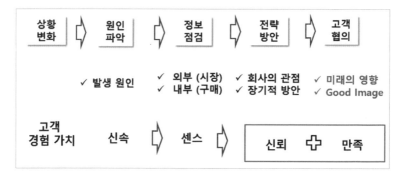

4. 잘못된 대응 방안 원인과 대책

영업현장 일어나는 잘못된 대응 방안의 원인은 두 가지다. 바로 (1) 전략적 사고의 부재, (2) 상사의 역할 미흡이다.

(1) 전략적 사고의 부재

실적에 연연하여 여러 상황을 점검하고 판단하지 못할 경우에 이런 현상이 발생한다. 즉 터널증후군이다. 운전자가 차량을 몰고서 터널로 진입하는 순간부터 주변은 전혀 주시하지 못하고 오직 터널의 끝부분만을 보는 현상이다.

수요처에서 평소와 다르게 주문량 변동이 발생하는 경우 다른 상황은 전혀 고려하지 못한 채 기계적으로 업무를 처리할 경우다. 어떤 현상이 발생할 경우 먼저 원인이 무엇인지 파악해야 한다. 그리고 원인에 대한 정보 점검을 대내외적으로 조사하고 사실 여부를 확인해야 하며, 수집된 정보를 바탕으로 영업에서 결정해야 할 것이 무엇인지 파악하고, 단기적 관점보다 장기적 영향에 관점을 두고 상사와 협의하여 회사의 관점에서 최종 결정을 협의하고 실행하면 된다.

(2) 상사의 역할 미흡

상사로서 역할을 제대로 수행하지 못할 때 이런 현상이 나타난다. 상사는 단순히 직원에게 보고받는 자리가 아니라 직원의 부족함을 채워주고 경험과 격려를 해 주는 것이 상사의 역할이다.

상급자는 시장의 변동 사항에 대해 영업사원이 보고할 경우 다음과 같은 판단이 필요하다.

- 영업사원이 정확히 발생 원인을 파악하고 있는가?
- 영업사원이 어떤 대응 방안을 가지고 있는가?
- 고객과 회사의 입장을 충분히 고려한 판단인가?

상급자는 전체 상황을 확인, 판단하고 최종 의사결정을 해야 한다. 유능한 상사는 단순히 직원에게 명령하고 대우받고 보고받는 자리가 아니라 직원이 미처 생각 못 한 상황과 판단 오류를 잡아주고, 조정, 중재 역할을 해야 한다. 이 과정을 통해 직원의 사고 역량은 향상되고 이후 유사한 현상 발생 시 동일한 실수를 반복하지 않게 해야 한다. 그것이 바로 리더의 역할이다.

5. 주문량 변화 시 영업사원의 대응 Process

상황 변화가 발생하였을 때 Process는 다음과 같다.

① 원인을 파악한다.
② 정보를 점검한다. (내부, 외부)

③ 전략방안을 수립한다. (회사 관점/장기적 관점)

④ 고객과 협의한다.

    상황 변화 시 기계적으로 움직이지 말고 상황을 활용해라. 최종적으로 고객과 협의 시 단기적 이익보다는 미래의 영향을 감안하며 공급자로서 최선을 다하는 좋은 이미지를 제공하여 차후에 이를 활용할 수 있는 기회로 삼아 향후에 더 좋은 기회를 고객으로부터 얻을 수 있도록 한다. 이러한 행동이 프로다운 영업전문가의 모습이다.

    장기, 바둑, 체스를 보자. 고수는 한 수를 보지 않고 미리 상대의 여러 수를 예측하고 10수, 20수를 보고 한 수, 한 수를 실행한다. 상대방의 수까지 감안하지 못한 상태에서는 10수, 20수 예측이 불가능하다. 때로는 상대가 예측한 상태에서 벗어난 수를 두는 경우 다시 생각하고 여러 수를 다시 예측하고 한 수를 실행해야 한다. 항상 많은 경우의 수를 상상하며 한 수를 실행하는 것, 바로 전략적 사고다. 전략에 실패하는 요인은 나를 중심적으로 생각하기 때문이다. 시장은 참여자에 의해 변화되고 움직인다. 내가 움직이면 상대도 반응을 한다. 내가 중심이 아닌, 상대방을 중심으로 생각하고 판단하라. 여러분도 주변 환경의 변화 시 이런 대응 Process를 가동하면 보나 효율적인 결과를 얻을 수 있다.

    신이 아닌 이상 누구나 실수할 수 있다. 실수를 반복하지 않으려면 결과를 중시하기보다 과정을 중시하고 상대방 입장에서 살펴봐라.

6. 구매선 이원화 조건 시 대응 방안

수요처의 구매선 이원화 정책을 실시하는 경우 영업입장에서 경쟁자와 어떠한 방법으로 대응할지 살펴보자. 주문량이 급등하는 경우와 주문량이 감소하는 경우, 경쟁사와 비교해 차이를 우선 검토해 보자.

구매선 주문이 증가할 때는 다음 3개의 상황이 발생한다. ① 경쟁자와 동일, ② 경쟁자가 많은 주문 입수, ③ 경쟁자보다 많은 주문을 입수하는 경우다. 상황을 파악하면 상황에 맞는 영업전략을 세울 수 있다.

만약에 ②처럼 경쟁자가 많은 주문을 입수하였다면 경쟁사보다 비교 열위에 있음을 의미한다. 영업사원은 무엇에 의해 차이가 발생 되었는지 원인 파악을 해야 한다.

가격 차이, 품질 차이, 전략적 제휴, 차별화된 서비스 등 문제의 원인을 파악한다. 이후 영업리더가 중심이 되어 우리가 개선해야 하는 것이 무엇인지, 더 좋은 서비스 제공을 위해 무엇을 해야 하는지, 영업 구성원뿐만 아니라 전 부문과 함께 고민하고 해결 방안 마련을 위해 각 부문에서의 역할을 나누어 개선 조치를 시도하면 된다.

반대로 ③처럼 경쟁자보다 많은 주문을 입수하는 경우, 원인을 파악해야 한다. 이런 현상이 일시적인지, 언제까지 지속될지, 가격 요인, 경쟁사 문제 발생, 품질 우위 등 다양한 발생 원인을 정확히 파악해야 한다. 이후에 영업리더가 중심이 되어 다른 수요처에도 보유하고 있는 비교 우위 조건을 활용해 확산 가능한 방안도 검토해야 한다.

당장 개선 방안이 나오지 않아도 상관이 없다. 관련된 모두가 개선하는 당위성을 인식하고 노력할 때 기업의 변화는 시작된다. 이처럼 주문량의 변화 시 영업사원이 다르게 사고하고 접근하면 종전보다 개선된 방향으로 다양한 새로운 영업전략 전개가 가능하다. 현상을 보지 말고 활용 방안을 마련하자!

- 경쟁사 비교: 원인 파악
→ 비교 열위 시 전사적·부분적 개선 조치
  비교 우위 시 장점을 활용하여 타 업체에 확산

7. 외부 환경 변화에 따른 주문량 증가 시 대응 방안

외부 환경 변화로 일정 기간 동안 시장 수요가 증가하는 경우가 있다. 예를 들면 국제 유가 급등, 날씨, 사고 발생으로 공급업체의 공장 가동 중단, 정부 규제, 환경보호, 진쟁으로 인한 수출 통제 등이다.

이때 대형 수요처가 항상 빠른 정보를 바탕으로 중소 수요처보다 먼저 주문량을 늘리고 먼저 물량을 확보하려고 한다.

공급자 입장에서 시장 수요 증가는 판매 물량 증가로 연결되는 좋은 현상이다. 하지만 공급자는 한정된 생산 규모로 인해 공급 가능한 물량은 제한적이다.

이때 대형 수요처가 평소보다 50% 이상의 물량을 3개월 동안 요청하였다. 영업사원은 환경 변화를 인식하지 못한 상태에서 고객의 요구에 따라 요청 물량을 공급했다고 가정해 보자.

질의사항 (당신이 팀장 또는 중역이라면)

Q1: 이러한 방법과 결과에 대해 만족하는가?

Q2: 보다 효율적인 다른 방안이 있다면 그것은 무엇인가?

고객 요구를 충족시킬 수 있는 충분한 생산 능력과 재고를 보유하고 있으면 문제는 없다. 그러나 한정된 생산 능력과 보유 재고가 충분하지 않다면 고민을 해봐야 한다. 대형업체 담당 직원은 목표 달성과 개인의 인사고과에도 영향을 미치기 때문에 업체가 요구하는 물량을 공급하길 희망한다.

외부 환경 변화로 일시적으로 시장 수요가 증가하면 공급자 입장에서 두 가지 선택안이 있다. 첫째, 대형 수요처의 요구를 수용하는 방법. 둘째, 대형 수요처의 요청 공급물량을 조정하고 신규 수요처 개발에 활용하는 방안이다. 영업에서 처리할 수 있는 두 가지 방안을 비교 검토해 보자.

질의사항

Q1: 어떠한 대응 방안이 바람직한가?

Q2: 무엇 때문에 바람직하다고 생각하는가?

Q3: 이런 상황을 누가 조정 역할을 해야 하는가?

조건 : 외부적 요인으로 고객의 주문 증가시

단위 : EA

방안 1	월 사용량	변화시	안정화
A 업체	20	30	20
B 업체	15	20	15
C 업체	10	10	10
D 업체	10	10	10
E 업체	10	10	10
F 업체	10	10	10
G 업체	10	10	10
H 업체	5	5	5
8개 업체	90	105	90

단위 : EA

방안 2	월 사용량	변화시	안정화
A 업체	20	25	20
B 업체	15	17	15
C 업체	10	10	10
D 업체	10	10	10
E 업체	10	10	10
F 업체	10	10	10
G 업체	10	10	10
H 업체	5	5	5
I 업체		5	5
J 업체		3	5
10 업체	90	105	100

1) 의사결정 시 판단 기준

의사결정 시 판단 기준은 외부 환경의 안정화 이후를 감안하여 결정을 하면 된다.

- 방안1: 외부 환경 안정화 이후 원래 상태로 돌아간다.
- → 이 방안의 잠재적 손실은 시장 확대 기회의 상실
- 방안2: 외부 환경 안정화 이후 물량 확대 유지 가능
- → 2개 신규업체 증가하여 시장 점유율 상승

실제로 영업현장에서는 방안1이 많이 발생한다. 발생 원인은 (1) 영업사원 개인의 목표관리 치중과 (2) 팀 목표관리 우선 때문이다.

(1) 영업사원 개인의 목표관리 치중

영업사원은 개인 목표관리에 치중할 수밖에 없다. 영업실적이 개인

목표관리, 인사고과, 더불어 급료에도 영향을 미치기 때문에 개인의 실적이 조직과 회사 입장보다도 우선시된다.

(2) 팀 목표관리 우선

팀장의 평가는 무엇보다 팀의 목표 달성 여부가 중요한 지표가 되므로 회사와 미래의 영향을 고려하기보다 우선 단기 실적 달성을 위한 판단을 우선한다.

만약 직원의 잘못된 판단과 개인의 욕망을 앞세워 처리할 경우 이후에도 유사한 실수를 하게 되고, 잘못된 판단이 올바른 결정이라고 확신을 갖게 된다. 심한 경우 이런 처리 방안이 후배에게 계속 전수되기도 한다.

회사가 의도치 않았으나 실적 기반으로 운영되는 KPI 제도(Key Performance Indicator, 핵심성과지표)에서 나타나는 슬픈 현상이다.

외부 환경 요인에 의해 주문량이 증가되는 경우, 올바른 판단을 희망하면 다음 3가지 조건을 우선 살펴보길 권장한다.

- 지속성: 거래 형태가 단기가 아닌 지속적으로 가능한가?
- 확장성: 이 거래를 통해 회사가 성장과 확장 가능한가?
- 예측 가능성: 매월 고정적으로 거래 관계가 형성되는가?

이와 같이 세 가지 사항을 기준으로 판단하면 올바른 결정을 내릴 수 있다. 지속성 측면에서 방안2가 방안1보다 나은 선택이다. 상황이 완전히 종료된 이후에 기존 업체들은 평균 사용량을 사용하고, 새로이 개발된 업체들도 지속적으로 제품을 사용하므로 이전에 비해 성장이 가능하다.

확장성 측면에서 공급선이 8개 업체에서 10개 업체로 증가되어 시장에서 M/S를 확장하게 되어, 방안2가 더 나은 선택이다. 또한, 신규 개발 업체를 통해 제품 확대를 추진할 수도 있다.

예측 가능성 측면에서 방안1보다 방안2가 더 나은 선택이 된다. 안정화 이후 고정적으로 거래 관계가 유지되어 생산, 구매, 자금 등 관련 부문에서 이를 토대로 계획할 수 있다.

개발영업의 중요성은 모두 인식하고 있다. 허나 개발영업에는 많은 장애 요소가 있고 진입장벽도 존재한다. 평상시에는 신규 고객을 개발하는 것은 매우 어려우나 외부 상황 변동 시에는 신규 개발이 수월하게 진행 가능하다.

상황 변동 시 정보력이 뛰어난 대형업체에 평소보다 많은 물량에 초점을 맞추는 것보다 대형업체의 요구 물량을 일부 조정하고, 미래의 새로운 고객을 확보하는 것이 보다 효율적 방안이 될 수 있다.

영업리더가 방안2를 선택하려면 개발영업을 위해 사전에 잠재고객과 접촉을 해야만 외부 환경 변화를 활용해 기회를 잡을 수 있다. 시장에서 공급이 원활하지 않은 상황에서 물량을 구하지 못한 신규업체에 공급할 경우, 이 업체는 새로운 충성고객이 될 수 있다. 이런 신규업체는 정기거래 관계가 가능한 지속성을 제공하고, 시장에서 점유율과 제품 판매를 확대할 수 있는 확장성을 제공하고, 매월 일정한 수량을 사용 가능하여 영업에서 관련 부문에 예측 가능성을 제공할 수 있다.

상황 판단 시 세 가지 기준인 지속성, 확장성, 예측 가능성을 바탕으로 판단하면 단기가 아닌 장기적 측면에서 사물을 보고 판단할 수 있다. 비단 영업활동 시 적용되는 것이 아닌 새로운 정책과 신규사업 검토에도 지속성, 확장성, 예측 가능성을 바탕으로 판단을 하면 보다 합리적 결정을 할 수 있다.

- 판단의 세 가지 기준: 지속성, 확장성, 예측 가능성

2) 비상사태 발생 시 물량배정 기준

영업사원들 모두가 자신이 담당하고 있는 거래선을 중요하고 소중하게 생각하고 있다. 리더가 불가피하게 공급물량 조정을 결정할 경우 일부 직원은 리더의 중재와 조정안에 불만을 가질 수도 있다. 리더는 공급물량 조정 시 거래선에 대한 객관적 기준을 마련하고 제시해야 한다. 이때 데이터 기반으로 업무를 처리할 경우 불만의 요소는 낮아진다. 이를 위해 비상사태 발생 시 공급 순위와 데이터에 근거한 고객 평가서를 사전에 준비하고 문제 발생 시 의사결정에 활용하면 직원의 불만을 낮출 수 있다. 먼저 비상사태 발생 시 공급 순위와 고객 평가서를 작성하고 영업사원에게 공개하라.

비상사태 발생 시 공급 순위
- 1순위: 국내 기존 고객 ① 단독 거래선 최우선 ② 이원화 업체

- 2순위: 해외 기존 고객 ① 단독 거래선 최우선 ② 이원화 업체
- 3순위: 정기 공급 가능한 국내 신규고객
- 4순위: 정기 공급 가능한 해외 신규고객

단 회사 사정에 따라 판매금액, 판매량, 영업이익, 단독구매 등 기준 설정을 정하면 된다. 영업사원은 회사가 제시한 기준을 보고 기존 고객의 상황을 이전보다 개선하려는 노력을 유도해야 한다.

3) 고객 평가서

회사는 먼저 고객에 대한 내부용 고객 평가서를 작성할 필요가 있다. 단순히 내부 참고용으로 준비하는 것이 아니다. 영업사원에게 공유하고 담당자는 고객 평가서를 참고하여 기존 고객과 거래 시 어떤 개선이 필요한지 숙지하고, 개선을 위해 무엇부터 해야 하고, 그 과정에서 본인 역할은 무엇인지, 스스로 생각하고 결정하도록 한다. 영업사원이 자율적으로 계획하고 개선방향을 찾아서 업무를 진행하도록 하는 것이 목적이다.

비상사태 시 물량 조절이 필요한 경우 공급 순위와 회사에 대한 기여도에 의해 의사결정을 할 경우 불만은 낮아질 수 있다.

*고객 평가서							점수 : 1점 ~ 10점	
	A 업체	B 업체	C 업체	D 업체	E 업체	F 업체	G 업체	H 업체
매출량								
매출액								
영업이익								
성장율								
구매형태 (단독/복수)								
수금 조건								
기타								
점수								

8. 영업이익 상황별 대응 방안

기업에서 종사하는 모든 부문의 노력에 의해 제품이 출시되고 시장에서는 공급자와 수요자 간 가격 협의 과정을 거쳐 최종 거래가 형성된다. 최종 합의된 가격에 의해 공급자는 영업이익이라는 결과를 얻게 된다. 영업이익은 품질에 따라, 공급과 수요의 원칙에 따라 달라진다. 이와 관련하여 영업이익 상황별 전략을 논의해 보자.

1) 세 가지 형태의 영업이익

어떤 회사에서 다양한 제품을 제조하고 판매하는 경우 세 가지 형태의 영업이익이 나타날 수 있다고 가정하여 보자.

(1) 영업이익 20% 이상

(2) 영업이익 10% 이상

(3) 영업이익 3% 이하

각각 상황에 따라 다른 형태의 영업전략을 전개해야 한다.

(1) 영업이익 20% 이상

높은 영업이익은 첫째, 시장에서 독점적 지위. 둘째, 시장에 존재하지 않는 새로운 제품이 출시되는 경우 얻어진다. 우수한 품질을 바탕으로 시장에서 독점적 지위를 확보한 경우는 높은 이익을 얻을 수 있다. 이 경우 시장 주도권을 공급자가 가지는 Seller's Market이 형성된다. Seller's Market은 공급 부족시, 가격이 급등할 경우 일시적으로 형성되지만, 품질면에서 우월한 경우 동등한 제품이 출현할 때까지 안정적 고수익을 확보할 수 있다. 영업이익이 높은 상황에서 추구하는 영업전략은 시장 확대전략으로 국내와 해외 신시장을 적극 개발해야 한다.

(2) 영업이익 10% 이상

시장의 형태는 과점 형태로 소수의 공급자가 시장을 지배하는 구조다. 공급자 간 치열한 가격 경쟁보다 일정한 수준에서 가격을 유지하며 상호 간 시장을 공유한다. 이때 제품의 품질은 유사하고 상호 대체 가능하기 때문에 동종 업체 간에 가급적 가격 경쟁을 지양하고 시장을 유지하는 형태로 형성된다.

만약 어떤 회사가 가격을 통해 시장을 확대하려고 하면 경쟁사 또한 더 낮은 가격으로 대응하여 결과적으로 실익이 없어진다. 그렇기 때문에 시장 참여자 간에 가격 경쟁을 지양한다.

이때 성장을 위한 영업전략은 신제품 또는 제품 차별화 전략을 구사하며 고객에게 다가가는 방안이다. 영업이 단독적인 행동보다 기술 연구소와 공동으로 시장을 조사하고, 시장에서 고객은 어떤 새로운 기능과 품질을 요구하는지, 그런 품질 차이가 고객의 최종 제품에 영향을 미칠 수 있는지? 고객 관점에서 연구개발을 해야 한다. 특히 제품 사용 시작은 불만사항도 주의를 기울이고, 이를 바탕으로 연구부문에서 제품 개선과 개발에 반영해야 한다. 불만사항 해결은 바로 새로운 수요를 창출할 수 있고, 시장을 선점할 수 있는 좋은 기회이기 때문이다.

(3) 영업이익 3% 이하

영업이익이 낮은 경우 4가지 특징이 있다. 첫째, 낮은 진입장벽이다. 둘째, 시장 수요보다 과다한 공급이다. 셋째, 구매자가 가격 지배권을 행사할 때다. 넷째, 공급자 간 품질 차이가 없다.

진입장벽이 낮을 경우, 제조기술과 생산이 평이하며 신규 참여자가 용이하게 시장에 진입한다. 그리고 시장에서 인력수급이 용이하다.

이런 시장 상황 때문에 공급은 쉽게 초과된다. 다수 공급자가 시장에 참여하여 수요보다 공급이 초과되는 현상이 발생한다. 이때 자연스럽게 Buyer's market이 형성된다.

공급이 초과한 상태에서 많은 공급자는 물량 확보를 최우선으로 한다. 이익보다 생산가동을 먼저 고려해야 한다. 이때 구매자는 공급초과 현상을 활용하여 시장의 가격 지배권을 행사한다. 원하는 가격에 못 맞추는 공급자는 제외된다. 결국 구매자가 가격 지배권을 행사한다.

이런 현상이 일어나는 이유는 공급자 간 품질 차별화가 없기 때문이다. 어떤 공급자의 제품을 사용해도 완성품 품질에는 영향이 없다. 시간이 지날수록 공급자 가운데 소규모 공급자가 판매를 위해 먼저 가격을 내리고 다른 공급업체도 시장 유지를 위해 가격을 내리기 때문에 점차 이익은 감소한다. 실질 물가상승률과 임금상승률을 감안하면 시간이 갈수록 기업의 적자 폭은 확대될 가능성이 높다.

이 상황에서 새로운 영업전략을 구축하기에 앞서 영업에 다음 질문을 하고 답을 얻은 후 결정하면 된다.

질의사항

Q1: 낮은 영업이익이 일시적 상황인가 또는 지속되는가?

Q2: 가격 인상이 어려운 경우 다른 해결 방안은 없는가?

회사 정책에 의한 영업이익이 낮은 경우는 제외

· 신규 제품의 초기 시장진입 단계

· 수출 시 대량 물량 확보

영업이익이 낮지만, 회사의 정책에 따라 실시되는 경우가 있다. 신규 제품의 초기 시장 진입단계. 신제품을 시장에 진입하는 경우 판매량과 생산량이 적다. 이 경우는 일시적 현상으로 향후에 판매 물량이 정상화되면 영업이익은 개선된다.

수출 시 대량 물량 확보를 위해 영업이익이 낮은 상태에서 수출을 하는 경우다. 범용 제품을 해외에 수출하는 경우 실질이익은 발생하지 않으나 생산 물량이 증가하면 생산 고정비를 낮추는 효과가 발생한다. 이 경우 내수 영업에 간접 도움을 준다. 이런 유형의 수출은 가동률 유지 차원에서 활용된다.

시장 가격은 다수의 공급자와 수요자 사이에서 합의하에 형성된다. 영업의 가격 인상을 통해 실시하는 것이 최선의 안이나 현실적으로 어려울 경우는 회사는 다른 해결 방안을 마련해야 한다. 다른 해결 방안이란 구매 단가 절감, 생산 공정 조정을 통한 생산 원가 절감과 연구소 배합 조정, 대체 원재료(부품) 사용을 통한 방법이 있다. 만약 이러한 방법으로도 원가 절감이 어렵다면 다른 전략으로 문제 해결을 시도해야 한다. 이때 필요한 전략은 바로 고급화 전략과 출구전략이 있다.

무엇보다 먼저 적자 제품에 관여한 회사의 모든 참여자, 영업, 기술, 생산, 구매 직원이 이러한 위기 상황을 인식하고 상황 개선을 위해 각자 노력하고, 협력하는 분위기가 조성되어야 한다. 이후에 기존 제품보다 우수한 기능을 부여한 제품을 개발하고 고급화하여 차별적인 시장을 발굴한다. 여건상 고급화 전략이 어려울 경우 최종적으로 출구전략을 실행해야 한다.

위에서처럼 영업이익 상황에 따라 다양한 영업전략을 구사해 영업사원에게 방향성을 제시해야 한다. 이것은 영업사원이 할 수 있는 것이 아니라 영업을 총괄하는 영업리더의 중요한 역할이다. 이번 기회에 영업이익 현황을 파악하고 회사의 현재 입장을 파악하고 전체 구성원들과 함께 적절한 미래 영업전략을 구사하길 바란다.

9. 인사 변동 시 대응 방안

고객의 인사 변동은 영업입장에서 매우 중요하다. 새로운 사람은 수요자 내부의 구매 정책과 구매 전략에 있어 변화 가능성이 높기 때문이다. 고객의 인사 변동은 누군가에게는 기회 요인이 되고, 누군가에게는 위험요인이 될 수 있다. 이제 우리는 영업적 관점에서 이 부분을 논의해 보자.

연말연시에 영업사원은 영업중역에게 고객의 인사 변동 사항과 함께 "신임 구매 중역/팀장 앞으로 난을 보냈습니다!"라고 말한다. 센스가 있는 영업사원은 승진자 경력사항을 알려준다. 고객의 인사 변동에 대해 스스로 질문을 해라.

- 인사 변동 시 과연 난을 보내는 것이 최선의 방법일까?
- 경쟁업체들도 난을 보낼 것이다, 그럼 무엇을 해야 할까?

인사 변동에 대한 미래의 실질 영향력을 알고 싶다면 신임자의 출신과 성향을 먼저 파악해라. 여기서 출신은 지역 연고가 아닌 회사 내부 또는 외부에서 영입된 승진자를 말한다.

1) 출신의 영향 (분석 1)

신임 구매 중역이 누구인가? 내부 승진자 또는 외부 영입자인지 파악해라. 출신에 따라 향후 업무추진 방식이 다르고, 기존의 방식과 질서에 많은 영향을 줄 수 있기 때문이다.

(1) 내부 승진자의 특징

기존 구매 Rule을 인정하는 상태에서 큰 변화보다는 적은 변화를 우선 시도한다. 현재 상태를 유지하는 범위 안에서 변화를 시도한다. 안정을 바탕으로 업무를 추진하며 기존 구매 구성원과 기존 공급자는 일정 기간 유지되며 구매 정책에 커다란 변화가 없다.

기존 공급자 입장에서 매우 유리한 상황으로 특별한 문제가 없는 경우 기존 관계가 유지된다. 반면 새로이 진입을 시도하는 공급자 입장에서는 제한적 상황이다.

내부 승진자는 의사결정 시 실무자 의견을 가장 우선시하고, 반영하는데 이때 실무자의 의견이 가장 크게 영향을 미친다. 만약 실무자가 기존 공급자를 대체하려는 의지가 없는 경우 신규 공급자는 진입이 어렵다.

(2) 외부 영입자의 특징

기업에서 외부 인사를 영입하는 이유는 기존의 사고와 방식으로는 성장에 한계가 있다고 판단해 변화와 혁신을 위해 외부 인사를 영입한다. 외부 영입자는 기존 관련 공급자와 인과관계가 없기에 효율성을 바탕으로 조직 변화와 혁신을 실시할 수 있다.

이런 관계로 외부 영입자는 변화와 혁신을 통한 새로운 질서를 추구한다. 적은 변화보다 큰 변화를 구현하려고 하며, 빠른 정책 변화를 실시하여 가시적 성과를 나타내고자 한다.

빠른 정책 실현을 위해 우선 조직의 변화를 실행하며, 대상은 기존 구매 직원, 구매 방식과 구매 정책도 포함된다. 조직을 먼저 재구성 이후에 기존 공급자도 변화의 대상에 포함하여 효율성 측면에서 재검토한다. 이런 변화의 시도는 기존 공급자에게 매우 위험적 요인이다. 반면에 신규 진입을 계획하는 공급자 입장에서는 기회적 요인으로 작용한다.

2) 성향의 영향 (분석 2)

수요자의 개인 성향을 분석할 필요가 있다. 개인 성향에 따라 업무추진 방식이 다르고, 기존 방식과 질서에 변화를 가져올 수 있기 때문이다.

(1) 차분·내향적 성향

기존 거래 관계를 인정한 상태에서, 상대방을 관찰하고, 분석을 진행하며, 담당자 의견을 먼저 경청하고 지기 의사 표현을 가급적 자제한다. 구매 담당자에게 많은 권한을 이행하며 자율적 분위기에서 효율성을 얻으려고 한다. 변화를 추진하는 과정에서 위험을 회피하기 위해 큰 변화보다 작은 변화를 선호한다.

기존 공급자에게 매우 유리한 상황으로 특별히 구매자와 문제가 없는 경우 기존 관계는 지속된다. 반면 새로 진입을 시도하는 공급자 입장에서는 제한적 상황이다.

(2) 열정·외향적 성향

기존의 틀과 사고에서 벗어나려고 시도하는 유형으로 변화와 혁신을 위해 새로운 시도를 한다. 업무 실행에 있어 성과창출을 최우선으로 생각하며, 구매 담당 의견을 청취 이후, 본인의 생각과 의사를 적극 표현하고 변화를 시도한다.

변화의 대상은 기존 조직, 구매 방식, 구매 정책 및 기존 공급자를 포함하여 다양하게 변화를 검토한다. 강한 추진력과 적극적 의사 표현으로 조직의 장악력이 매우 우수하다.

기존 공급자에게 매우 위협적 요인이 될 수 있다. 반면 새로이 진입을 희망하는 공급자는 타당성과 효율성을 증명하면 용이하게 진입이 가능할 수 있다.

3) 출신 및 성향에 따른 영업적 대응 방안

보다 현실적으로 영업적 대응을 하려면 출신과 성향을 조합하여 분석 후 이에 적합한 방법으로 대응을 하면 보다 효율적이다. 다음과 같이 4가지 형태로 분류해 보자.

① 내부 출신 + 침착·내향적
② 외부 출신 + 침착·내향적
③ 내부 출신 + 열정·외향적

④ 외부 출신 + 열정·외향적

①로 갈수록 안정을 추구하며, ④로 갈수록 변화를 추구한다. ①, ②는 기존 공급업체가 유리하다. 신규 진입을 계획하는 공급업자는 구매를 접촉하기보다 상황 개선을 위해 기술 연구소, 생산 현장과 접촉을 활발히 하고 특히 기술 교류 활성화를 하여, 수요자의 연구소에 신제품 개발 파트너로서 인식을 넓혀줄 필요가 있다.

③, ④는 신규 공급자에게 좋은 기회가 될 수 있다. 변화의 목적과 상응하는 조건을 내세워 진입 가능성을 높여야 한다. 반면 기존 공급업체에게 불리할 수 있으므로 종전보다 새로운 제안을 통해서 적극 방어하는 영업전략이 필요하다.

성향 중에서 과묵형 유형이 있다. 청취력은 좋으나, 의사 표현이 적어서 현재 무엇을 원하는지 파악하기가 어렵고, 반응이 느린 것처럼 보이나 의사결정 이후에 추진력 있게 진행한다.

독단적 결정보다는 여러 의견을 청취하고 이를 반영하여 결정한다. 기존의 유형과 다른 유형으로 기술 연구소, 생산, 구매 등 주변 사람에게 좀 더 자세한 성향을 파악하고 이들을 통해 공급자의 좋은 이미지를 전달하는 방법이 너욱 효과적이다.

고객의 인사 변동 시 축하 난을 보낸 것으로 영업사원의 역할을 완료했다고 생각하지 말고, 신임 인사의 출신, 성향을 파악하여 적절한 대응을 준비하면 보다 효율적인 결과를 얻을 수 있을 것이다.

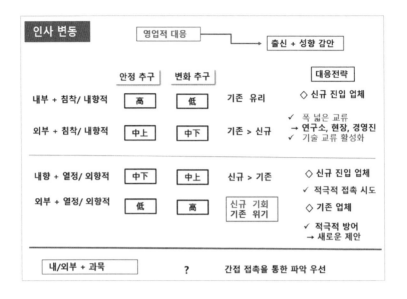

10. 대리점 기능과 역할

제2장에서 언급한 것처럼 다양한 기업의 상황에 따라 다양한 영업정책과 영업전략을 사용한다. 기업 운용에 있어 효율성을 가장 중요하게 여겨야 한다. 아무리 좋은 이론과 영업전략도 기업이 처한 상황과 맞지 않는 전략을 채택하면 오히려 역효과가 나타난다. 이제 대리점에 대해 좀 더 상세히 알아보자. 진행에 앞서 몇 가지 질문이 필요하다.

질의사항

Q1: 대리점의 역할은 무엇인가?

Q2: 고객의 관점에서 대리점 역할은 무엇인가?

Q3: 공급자 관점에서 대리점 역할은 무엇인가?

Q4: 대리점을 이용 시 장점과 단점은 무엇인가?

Q5: 우리는 대리점을 효율적으로 운영하는가?

대리점 운영 시 장점, 단점을 살려 보고, 각각 기업의 상황에서 대리점이 필요한지, 효율적 이용을 원하면 어떻게 영업적으로 행동해야 하는지, 현재 대리점을 운용하면 어떤 방향으로 보완 운영해야 하는지 살펴보기로 하자.

1) 대리점을 이용하는 원인

제조 공급자 입장에서 대리점을 이용하는 원인은 다음과 같다.

- 수요자의 규모가 적어 직접 거래 시 큰 비용 부담이 발생
- 다수의 소규모 수요자 관리에 시간적, 공간적 문제 발생
- 효율적 영업인력 관리를 위해
- 영세한 소규모 수요자와 거래 시 채권 문제 예방
- 수출 시 현지 시장의 효율적 관리

대리점을 이용하는 주요 원인은 실제 수요자의 규모가 적어서 직접 거래를 하면 비용적 부담 요인이 발생한다. 소량 화물에 대한 물류비 부담이 증가하고, 직접 관리 시 영업사원이 다수의 업체를 방문해야 하는

시간적, 공간적 부담이 존재한다. 1인당 영업사원의 관리 가능한 업체 수는 제한적이고, 기존 인력 조직으로 운용상 한계가 발생하면 영업사원을 추가로 모집하여야 하고, 이로 인해 기업 입장에선 인건비가 상승한다.

기업이 요구하는 수금조건을 구매자가 충족하지 못할 경우 거래 관계가 성립되지 못한다. 해외시장의 경우 격지자간 거래로서 먼 지역을 충분히 파악하고 바로 대응하기에 어려운 문제도 존재한다. 이때 기업 입장에서는 거래 관계가 형성되지 못하는 고객을 포기할지 고민하거나, 거래를 희망한다면 위험을 회피한 상태에서 공급자의 역할을 대신 할 수 있는 업체를 찾는다.

바로 대리점이다. 혹자는 대리점에 제공하는 이윤을 주지 않을 경우 기업 입장에서 그만큼 이익이 증가할 수 있다고 판단하여 대리점 운영을 회피한다. 이 또한 이윤 측면에서 맞는 말이다. 긍정적 측면과 부정적 측면을 각각 비교하면 어떻게 결론을 내려야 하는지 혼란스럽다. 이때는 어떻게 해야 할까?

대리점 이용 여부의 핵심은 효율성이다. 제조자는 직접 고객과 거래에서 발생되는 비용과 대리점 이용 시 제공되는 이윤을 비교하면 손쉽게 결론을 내릴 수 있다.

대리점 제외 시 부담 비용

- 부담 물류비 + 추가 인건비 + 회사부담 4대 보험 비용 + 채권 Risk 회피 비용 = 직거래 비용
→ 직거래 비용 - 대리점에 제공하는 이윤 = ?

직거래 비용이 클 경우 대리점을 이용하고, 대리점에 제공되는 이윤이 크다고 생각되면 직거래를 하면 된다.

이런 방식으로 수식화하여 객관적인 상태로 비교 검토하면 현재 각각 기업 입장에서 합리적 결론을 얻을 수 있다.

2) 대리점의 역할 (수요자와 공급자 관점)

공급자는 초기에 여러 가지 원인으로 대리점을 이용하여 영업활동을 하는데, 시간이 지남에 따라 공급자와 대리점 간의 역할을 명확히 하지 않아 문제가 발생한다. 특히 영업사원의 경우 명확한 대리점 역할을 파악해야 영업활동에 있어 수동적이 아닌 주도적 영업활동을 할 수 있다.

두 가지 관점에서 대리점의 역할을 살펴보자. 첫째, 고객 관점에서의 대리점 역할과 둘째, 공급자 관점에서의 대리점 역할이다.

(1) 고객 관점에서 대리점 역할 (수요자)

여기서 고객이란 소규모 영세업자 또는 실제 수요자다. 고객의 입장에서 대리점을 통해 제품을 구매하는 경우다. 영세한 소기업의 경우 적은 사용량으로 인해 제조사로부터 직접 구매가 어려운 경우, 공간적 제약으로 보관창고가 부족한 경우, Cash Flow 문제로 재고 비축이 어려운 경우, 원하는 시점에 물건 인도받기를 희망하는 경우, 공급자의 수금 조건을 충족 못 시키는 경우 등 이러한 다수의 문제 해결이 필요할 경우 수요자는 대리점을 이용한다.

소규모 영세업자 입장에서 필요한 대리점의 역할은 바로 창고 업무,

재고관리 업무, 물류 업무, 신용제공 업무이다. 수입 제품을 취급하는 경우 수입 통관의 역할도 필요로 한다. 이런 여러 가지 대행 서비스와 재화를 제공하고 이익을 얻는다. 이런 고객 관점에서 대리점 역할은 B2B와 B2C에서도 동일하다.

(2) 공급자 관점에서 대리점 역할 (공급자)

제조자가 희망하는 대리점 역할은 고객 관점의 역할과는 차이가 있다. 공급자를 대신해서 영업 운영권을 제공하는 이유는 공급자 제품의 Market Share를 증가시키고, 채권 Risk의 방지, 시장 정보 입수, 다수 고객과 거래 시 상대적 업무량이 증가하기 때문에 업무 효율화, 간소화 등이 필요하다.

공급자 관점에서 대리점 역할은 시장 점유율 증가, 채권 Risk 방지, 업무 효율성과 간소화 제공, 시장 정보 제공 등을 통해 공급자로부터 이익을 보장받을 수 있다.

3) 잘못된 대리점 형태

앞서 언급한 것처럼 대리점은 공급자 제품의 시장 점유율을 증가시키고, 수시로 시장 정보를 제공하는 역할을 충실히 이행해야 한다. 소규모 수요자에게 다양한 서비스와 재화를 공급하여 성장토록 기여해야 한다. 그러나 대리점 본래 역할을 망각하고 잘못된 경우의 사례는 다음과 같다.

- 영업 담당과 미팅 시 항상 가격 불만과 단가인하 요구
- 시장 정보 제공이 미흡 (정기적 동향 보고서)
- 장기 미수채권액 보유

잘못된 대리점 형태가 나오는 주요 원인은 공급자에게 있다. 즉 공급자가 그 원인을 제공하는데 문제점은 (1) 실적 위주 영업정책, (2) 인지포획이다.

(1) 실적 위주 영업정책

영업은 실적에 의해 평가를 받는다. 이 경우 영업사원, 팀장, 중역 모두 단기 실적에 치중하게 된다. 특히 실적에 대한 회사의 요구가 커지면 커질수록 영업 담당은 대리점과 대화 시 실적의 압박감을 이야기로 전달하고, 대리점은 이를 활용하여 가격 인하와 미수채권 요구를 하며 잘못된 대리점 관계가 형성되기 시작한다. 시간이 지날수록 영업사원은 열심히 노력하여 결과를 얻기보다는 가장 쉬운 방안에 익숙해져 개인과 기업의 성장에 장애물이 될 수 있다.

(2) 인지포획 (Cognitive Capture)

인지포획은 규제가의 사고방식이 규제 대상의 그것과 동일해 지는 모습을 말한다. 감독자가 감독 대상과 자주 접하면서 어느 순간부터 감독 대상과 유사한 사고를 갖게 되는 경향을 말한다.

영업 담당자는 대리점이 역할을 충실히 수행하는지 살피고 역할을 제대로 수행 못 할 경우 이를 알려주고 역할을 제대로 수행하도록 해야 한

다. 하지만 어느 순간부터 상대방 입장만을 회사에 전달하는 경우다. 영업사원이 영업실적 달성을 위해 대리점에게 일정 물량 권유 과정에서 자연스럽게 인지포획 현상이 형성되면서 고착화된다. 신생 대리점보다는 자금 여유가 있는 오랜 경력 대리점과의 관계에서 주로 발생한다.

4) 협업을 통한 대리점과 상생방안

대리점 입장에서 가장 염려하는 부분은 고객이 사용량 증가 시 공급자와 직거래 시도할 수 있다는 것과 경기침체로 인한 매출 감소와 소규모 영세업자 부실로 공급자에게 일시적 미수채권이 증가할 경우 대리점권 회수를 두려워한다. 이런 문제 해결을 위해 공급자와 대리점 간에 합의가 필요하다.

(1) 대리점 의무 준수

고객과 공급자 관점에서 대리점 역할을 충족하기 위해 우선 두 가지 대리점 의무를 준수해야 한다.

- 고객에 대한 의무: 공급 안정성 보장
- 공급자에 대한 의무: M/S 확대, 시장 정보 제공

대리점의 의무를 바탕으로 공급자로부터 소규모 영세업자가 직거래를 시도해도 대리점 권리를 보장받고, 경기침체로 일시적 미수채권이 증가할 경우 상호 합의하에 일정 기간 동안 미수채권에 대한 유예 조치

를 상호 합의하면 된다.

(2) 정기적 시장 정보 교류 활성화

시장의 정보 제공을 위해 정기적으로 공급자의 영업 담당과 팀장 참석하에 분기에 최소 1회씩 정보 교환 미팅을 정례화할 경우 보다 효과적이며, 이때 대리점이 생각하는 M/S 확대 방안과 공급자의 지원 요청 사항을 함께 논의하면 된다.

대리점의 역할과 의무를 먼저 충실히 이행하고 대리점 권리를 공급자로부터 보장받도록 하면 된다.

(3) 공급자로서 대리점 권리보호 준수

대리점이 공급자에 대해 불안하게 생각하는 점은 대리점 권리침해와 대리점 지위 박탈, 가격 차별화 정책 폐기다.

대리점 권리침해의 경우는 대리점의 많은 노력에 의해 수요처가 성장하여 대규모 물량을 사용하는 경우 발생할 수 있다. 최종 수요처 입장에서 구매 단가를 낮추기 위해 대리점을 제외하고 공급자와 직접 거래를 시도하면 비용도 감소하고 성장에 도움이 된다고 생각할 수 있다. 만약 수요치가 이탈하는 경우에는 대리점 입장에서 취급 물량, 매출액, 영업이익이 모두 감소하는 문제에 직면한다. 이 점에 대해 불안감을 가지고 있다

대리점 지위 박탈은 공급자의 영업정책이 변경되거나, 매출이 감소해 대리점 지위를 회수하는 상황을 가장 두려워한다. 이런 상황에서 스스로 대리점 지위를 보호하기 위해 소유하고 있는 시장의 정보 공유를 꺼

리고 있다.

가격 차별화 정책 폐기는 다음과 같다. 신용이 불안정한 소규모 고객은 공급자 입장에서 신용 문제로 공급을 하지 못한다. 이런 공급자를 대신하여 대리점은 신용 위험을 안고 소규모 고객에게 제품을 공급하고 일정 이익을 얻는다. 만약 공급자가 판매 확대 정책으로 일정 기간 동안 직거래 수요처에 대리점과 동일한 가격 또는 더 낮은 가격으로 판매를 할 경우 시장 가격이 왜곡되고 시장으로부터 가격에 대한 대리점의 불만과 불신이 높아지며, 대리점 입장에서는 이익이 없는 상태에서 채권의 위험만 부담하는 형편이 된다.

대리점 기능을 인정하는 경우, 공급자는 대리점을 거래처라고 생각하지 말고 공급자의 외부 영업조직으로 생각해야 한다. 그리고 정보 수집과 시장 확대를 위한 적극적 영업활동을 요구해야 한다. 공급자로서 대리점과 함께 성장하기 위해 먼저 대리점 권리보호를 준수해야 한다.

5) 대리점 성장 과정 및 추진 전략

시장에는 다양한 형태의 대리점이 존재한다. 현재 담당하고 있는 대리점은 전체가 아니라 일부의 대리점이다. 만약 영업사원이 오랜 기간 동안 하나의 대리점을 담당하면 그것이 전체 대리점의 모습이라고 오해를 할 수도 있다. 영업사원은 우선적으로 다양한 형태의 대리점을 인식하고서 현재 담당하고 있는 대리점의 위치가 어디에 속해 있는지 주의 깊게 살펴보고, 성장이 가능한 대리점과 함께 시장 점유율을 높이는 시도해야 한다.

그 과정에서 영업사원은 좀 더 사고가 성숙되고 미래 지향적인 방향으로 업무를 추진하면 개인과 조직을 위해 좋은 결과를 누릴 수 있을 것이다.

대리점의 발전단계는 다음과 같은 순서로 발전한다.

- 영세 Dealer → Dealer → 대리점 → Trader

대리점이 발전하면 그만큼 시장에서 영향력도 커지고 시장 점유율이 높아진다. 대리점이 어떤 방향으로 사업 전개를 하고, 대리점 발전을 위해 무엇을 계획하는지 살펴야 한다. 이익만 추구하는 대리점인지, 성장을 위해 많은 노력을 하고 있는지 주의 깊게 살펴봐라. 만약 성장 가능하다고 판단되는 대리점은 공급자로서 영업지원을 강화할 경우 효과를 볼 수 있다.

현재 대리점 영업을 하는 업체들은 이익을 좇기보다는 공급자가 희망하는 M/S 확대 및 시장 정보 제공을 하여 다른 대리점과 차별화된 서비스를 실시하면 자연스럽게 공급자로부터 효율적 지원을 받고 성장을 이룰 수 있다. 아울러 시장에서 좋은 평가를 얻게 되고, 다른 공급자들로부터 제품을 취급할 수 있는 기회를 얻게 된다.

단계별로 대리점이 성장하려면 우선 인력충원을 바탕으로 취급 제품을 확대하고, 단기적 이익보다는 공급자에게 시장 정보 제공과 M/S 확대를 통해 대리점의 지위를 높여야 한다. 이후 경쟁 대리점과 차별화된 서비스 제공을 위해 물류운송, 창고업, 소포장 사업, 수출입 대행 등 사업 영역을 확대하면서 단계별 진화가 될 때 시장에서 인정받고 성장할 수 있다. 현재 상황에서 단계별 성장계획을 위한 대리점 Road Map을 만들고 실행해 보기를 권한다.

대리점 진화 과정 및 추진 전략

	경쟁회사	진입장벽	수익구조	성장성	향후전략	경쟁우위
영세Dealer	매우 많다	없다	매우 열악	매우 낮다	인원 충원 제품 확대	
Dealer	많다	적다	열악	낮다	정식 대리점	융합 사고
대리점	보통	존재	보통	보통	대리점 ↑ 직 수입 조직화	창고
Trader	적다	크다	우수	우수	해외 대리점 전략 구축 인재 확보	물류

6) 사례 연구

서로 다른 대리점으로부터 4가지 요청을 받았을 경우 문제점과 대응방안에 대해 논의해 보자.

(1) 사례1

미래기업 김 본부장은 중국 시장 활성화를 위해 상해 발령을 받았다.

중국 시장의 판매는 직거래 30%, 대리점 70%로 대리점 비중이 높은 상태다. 어느 날 화동시장에서 대량 물량을 취급하는 A 대리점이 다음과 같은 제의를 하였다.

- 취급 물량: 1,000MT/월
- 금액: 21억/월
- 사용 제품: 경쟁사 제품, 2년 전 미래기업 제품 사용경험
- 최종 수요처: 화동시장 B 전자회사(A 대리점이 단독 공급)
→ A 대리점과 특수 관계로 대금 회수에 문제가 없다고 함
- 요구조건: 3개월 신용(제품 인도 4개월 후 현금 지급)
→ 조건 수용 시 물량 1,500MT/월 가능, 영업이익 5%

(2) 사례2

화남지역 B 대리점은 다양한 제품군을 취급하고 성장 중이다. 최근 독일의 기계 설비 업체에서 대리점권을 확보하고 사업을 확장 중이다. 풍부한 현금 유동성을 바탕으로 제품 구매 시 현금을 지급하여 다른 대리점에 비해 낮은 가격으로 구매하고 있다.

B 대리점은 수입 세품을 취급하는 경우 위험부담이 커서 판매 확장이 어렵다고 한다. 이를 해결하기 위해 특정 시기에 공급량 지원을 요청하고 아울러 화남시장 단독 대리점권을 요구하였다.

- 취급 물량: 1,000MT/연간
- 금액: 25억/년, 영업이익 2%

- 문제점: ① 가격 변동 요인이 발생할 경우 대량 구매

  ② 항상 가격 불만 표시, 시장 정보 제공이 없음

(3) 사례3

서남지역 C 대리점은 현지에서 다수 수요처와 좋은 관계를 유지하고 시장을 장악하고 있으나 시장 정보를 제공하지 않고 있다. 어느 날 C 대리점 사장은 미래기업에게 불만을 제기했다.

- 불만사항: 최근 기존 수요처에 경쟁 대리점이 제품 공급
- 문제점: 수요처는 1년 전에 C 대리점과 거래종결 상태
- → 이 업체는 C 대리점과 거래할 의사가 없음
- 요청사항: C 대리점 수요처에 타 대리점의 판매 중지 요구

(4) 사례4

기존 화동시장의 소량 물량을 취급하는 D 대리점과 상담 시 미래기업에서 일정 기간 동안 지원할 경우 시장 점유율을 확대할 수 있다고 한다. 30대 젊은 사장은 다음의 조건과 지원을 요청하였다.

- 취급 물량: 50MT/월
- 금액: 2억/월 → 100MT 가능
- 현재 취급 제품: 미래기업 제품만 취급, 영업이익율 10%
- 애로사항: 수요처가 대금 지급시 4개월 전자어음 제공
- → 전자어음 할인 시 8% 할인율 발생

- 요구사항: 현금조건 → 현금 30% + 어음 70% 요청

→ 수요처 방문 시 동행 및 기술 서비스 요청

질의사항

Q1: 당신이 김 본부장이라면 각각 사례별 대리점 요구에 어떤 결정을 하겠는가?

Q2: 그런 결정을 하는 이유는 무엇인가?

우선 여러분이 먼저 5분간 생각하고, 상황 판단 후 결정을 해 보자. 대리점 4개 업체의 요구사항과 문제점은 다음과 같다.

- A 대리점: 타사 제품 취급, 대규모 거래, 영업이익 5%

→ 4개월 신용 요청, 금액 84억

  요구 수용 시: 채권 Risk를 공급자가 부담 (미래기업)

- B 대리점: 미래기업 제품 취급, 현금조건, 영업이익 2%

→ 특정 기간 공급물량 확대 요청, 단독 대리점권

  요구 수용 시: 불평등 계약, 시장 주도권 양도

- C 대리점: 미래기업 제품 취급, 중국 최대 대리점

→ 경쟁 대리점이 기존 수요처에 판매 중지

  요구 수용 시: 타 대리점의 불만, 주도권 이양

- D 대리점: 미래기업 제품만 취급, 영업이익 10%

→ 일정 기간 동안 현금 + 전자어음 수금조건 요청, 수요처 방문 시 동행, 기술 서비스 요청

요구 수용 시: M/S 확대 가능, 시장 정보 입수 가능

바른 결정을 하려면, 고객 요청을 접수 후에 먼저 대리점 역할과 의무를 바탕으로 검토하고 의사결정에 반영하면 된다. 각각의 대처 방안을 살펴보자.

7) 사례 대응

(1) A 대리점 대응

당사는 채권의 Risk 방지가 대리점의 주요 역할이라고 봅니다. 본 거래는 채권 Risk 위험성이 너무 커서 당사 입장에서 유감스럽게도 거래 성사가 어렵습니다. 채권에 대한 별도의 담보나 금융기관의 보증을 요청합니다.

Key Point

① 채권 Risk 방지에 위배 (약 84억 규모)

② 기존 공급업체와 거래중단 사유 불분명

→ 대량 수요는 매력적이나 너무 큰 위험성 존재

(2) B 대리점 대응

대리점의 중요 역할이 매월 안정적으로 물량을 취급하고, 시장 정보를 공급자에게 제공하여야 합니다. 이를 바탕으로 경쟁사 동향과 고객 변화를 파악한 상태에서 제조업체는 M/S 확대를 위한 대리점에 각종 지원이 가능합니다. 당사는 귀사의 판촉을 위하여 중국 시장 내에서 최저가로 공급 중에 있습니다.

그러나 현재 귀사에게 정기적 시장 정보를 제공받지 못하고 있고 매월 공급물량도 불안정한 상태입니다. 현재 상황에서 화남시장 단독 대리점권은 제공하지 못하는 입장을 양해 바랍니다.

먼저 화남시장의 정보 및 경쟁사 정보를 정기적으로 제공하고 매월 안정적으로 물량을 취급하면서 M/S 확대를 진행한다면 화남시장의 단독 대리점권을 신중히 검토하겠습니다.

또한, 특정 기간에 물량 지원은 여건상 가능할 경우 진행하도록 하겠습니다.

Key Point

① M/S 확대를 위한 노력이 불투명

② 시장 징보 제공 불성실

→ 이익만 추구하는 대리점으로 M/S 확대에 한계성

(3) C 대리점 대응

먼저 불편함을 끼쳐 죄송합니다. 문제 업체와 면담을 한 결과, 오래전부터 저희 제품을 귀사를 통해 사용했다고 합니다. 허나 1년 전에 귀사와 의견 차이로 거래를 종결했고 귀사에게 제품을 구매할 의사는 없다고 합니다. 저희 입장에서도 동일한 시장 내에서 대리점 간 분쟁을 원하지 않고 있습니다. 문제 재발 방지를 위해 먼저 거래하고 있는 수요처 정보를 알려 주시면 이후에 귀사의 입장을 반영해 충돌 방지를 위해 최선의 노력을 하겠습니다. 아울러 귀사와 거래 관계가 1년 이상 없을 경우 관계 회복이 힘들다고 판단하는 바, 상호 합의하에 진행하였으면 합니다.

Key Point

① 시장 정보 제공이 없음

② 거래가 종결된 상태에서 대리점 권리 주장

→ 시장 정보를 제공하지 않은 상태에서 대리점의 권리만 주장

대리점의 권리만 주장하는 것은 차후에도 동일한 문제 발생 가능성이 높다. 만약 대리점 요구조건을 수용할 경우 공급자로서 시장 주도권을 상실하고, 대리점 간 분쟁 시 조정과 중재 역할을 하지 못한다.

많은 대리점들은 자기의 고객에 대해 소유권을 주장한다. 단 한 번 팔아도 나의 고객이요, 오래전에 거래가 중단 상태에 있어도 나의 고객이라고 한다. 이런 점은 공급자로서 분명하게 의사 표명을 해야 한다.

거래가 종료된 후 얼마 동안 그들의 고객이라고 상호 합의를 하면 불필요한 대리점과 충돌이 발생하지 않는다.

(4) D 대리점 대응

당사 수금조건은 현금조건이나 시장 특수성을 감안하여, 6개월 동안 한시적으로 전자어음 60% 수금조건으로 진행하겠습니다. 귀사의 고객 방문 시 영업사원이 함께 방문하여 시장 상황을 파악하고 정기적 기술 지원 서비스를 실시하여 귀사의 판촉 활동에 적극 동참하도록 하겠습니다.

Key Point

① M/S 확대를 공급자의 지원 요청

② 동행 판촉 시 자세한 시장 정보 입수 가능

③ 문제 해결을 협의로 시도하려고 함

→ 전자어음 70% 조건, 결격사유는 아님

앞서 소개한 4가지 대리점 사례보다 현실에서는 더욱더 다양한 상황이 연출된다. 다양한 상황에 따른 다양한 판단 기준이 필요하다. 영업사원이 의사결정을 하는 데 있어 만약 실적을 우선시한다면 A 대리점 요구조건을 수용하고, 거래선과 충돌을 피하고 싶으면 B와 C 대리점 요구를 수용한다.

이때부터 주도권은 대리점이 갖게 되고 공급자는 시장파악이 안 된 상태에서 대리점에 끌려가는 형국이 된다. 영업사원은 단기적 또는 장기적 관점에 따라 서로 다른 의사결정을 할 것이다. 단기적 관점에서 의사결정을 하면 실적을 최우선으로 고려하고 대리점과 충돌을 피하기 위해 결정한다. 장기전 관점에서 의사결정을 하면 우선 눈앞의 실적보다 회사와 대리점 그리고 시장의 점유율을 높이는 방향으로 진행한다.

여러분이 관리하는 대리점 상황을 먼저 살펴봐라. 다양한 형태의 대리점이 각자 서로 다른 방식대로 운영하고 있다. 이들 가운데 대리점의 역할과 의무를 충실히 수행하는 업체가 있는지 살펴보고, 대리점 의무와 역할을 충실히 수행하는 업체와 함께 성장전략을 논의하고 공급자로서 이들에게 시장 확대를 위한 차별화된 지원방안을 더욱 강화하고 대리점으로서 Role Model을 삼아서 이러한 선한 영향력을 다른 대리점에 확산시키도록 노력해야 한다. 그런 과정에서 영업사원의 사고는 바르게 성장하고 현재보다 좋은 결과를 얻을 수 있다.

이익만 추구하는 규모가 큰 대형 대리점보다 시장 점유율 확대를 공동으로 노력하는 대리점이 영업사원의 사고 성장에 훨씬 더 좋은 파트너다.

8) 현재 대리점을 운영하시는 분들에게…

대리점을 운영하시는 입장에서는 단순히 가격 지원을 요구하기보다 공급자가 원하는 대리점 역할에 집중해야 한다. 공급자가 원하는 시장 정보 제공과 시장 점유율을 높이기 위한 다양한 아이디어 제공 등 대리점으로서 노력하는 모습을 보여 주어야 한다. 이 과정에서 공급자는 기존 대리점과 차이점을 인식하고, 시장 점유율을 확대를 위해 다른 경쟁 대리점보다 많은 지원과 혜택을 제공하려 할 것이다. 그것이 많은 대리점 속에 스스로의 존재 가치를 부각하는 좋은 방안이며, 이런 방법이 다수의 대리점 세계에서 살아남을 수 있는 차별화 전략방안이다. 정체되고 있는 많은 대리점의 가장 큰 문제점은 바로 현재 상태의 만족 또는 체념이다. 이러한 경우 아무런 변화 없이 어제 만났던 고객을 오늘도 그리고 내일도 만난다.

익숙하고 하루하루가 편안하다. 허나 더 이상 발전은 못 한다. 정체된 대리점은 일대일 대면영업만 중요시한다. 그런 상태로는 개선될 수 없다.

많은 사람을 만나라. 발전을 희망한다면 먼저 미래의 중장기계획을 세워라. 3년 후, 5년 후 모습을 상상하면서 현재의 대리점을 어떻게 성장시킬지 중장기 계획을 먼저 세워야 한다.

그 계획이 지금과 멀리 떨어져 있어도 상관이 없다. 영업사원들과 계획 실현을 위한 세부 실천 방안을 마련하고 하나하나씩 실천하면 된다. 이러한 방식으로 많은 기업이 성장했었다. 나 스스로 먼저 노력하지 않으면 세상에 그 누구도 나를 도와줄 수 있는 사람은 없다.

11. 고객 불만

기업은 종종 고객으로부터 다양한 채널을 통해 불만사항을 알게 된다. 이런 불만은 기업 입장에서 위험적 신호이고 불만 해소를 위해 노력해야 한다.

다음의 불만 사례를 통해 기업의 잘못된 대응과 올바른 대응 방안을 살펴보기로 하자.

1) 사례 연구 (직원)

미래몰은 다양한 상품을 취급하는 인터넷 쇼핑몰이며 성장을 위해 다양한 아이디어를 공모하고 새로운 시도를 하고 있다. 명절에는 과일의 수요가 많아 금번 구정에도 다양한 과일 세트를 준비하여 판매하였다. 어느 날 한 고객이 과일 선물세트를 구매하였으나 품질 문제로 불만을 접수하였다.

- 불만사항: 구매한 배의 품질이 매우 열악함. 배의 맛이 아닌 무의 맛이 난다고 함.
- 요청사항: 동일한 상품으로 교체 희망

A 직원의 대처

죄송합니다, 고객님! 식품의 경우(채소 및 과일) 고객에 따라 입맛이 다양하여 교체가 불가능합니다. 저희 쇼핑몰은 과일의 맛은 보장해 드리지 못합니다. 현재 반품은 가능하지만 새로운 상품으로 교환은 못 해 드리는 점 양해 부탁드립니다.

B 직원의 대처

불편을 끼쳐서 죄송합니다, 고객님! 보내드린 상품을 확인하기 위해 먼저 반품 처리를 하도록 하겠습니다. 상황 점검 후 고객님께 후속 조치를 하도록 하겠습니다. 죄송합니다.

질의사항

Q1: 어느 직원의 대응이 적절한 조치인가?

Q2: 그렇게 생각하는 이유는?

Q3: 당신이 미래 쇼핑몰의 대표라면 어떤 조치를 취하겠는가?

고객 불만에 대해 회사의 입장 또는 고객 입장 중 어떤 입장에서 문제를 처리하느냐에 따라 대응 방안은 달라진다. A 직원의 대처는 회사의 입장에서 B 직원은 고객 입장에서 불만을 처리하는 행동이다.

A 직원의 대처에 대해 고객은 다음과 같은 생각을 할 수 있다.

① 품질을 보증 못 한다면 왜 제품을 판매할까?

② 식품이라도 맛이 없는 것을 판매하는 것이 옳은 것인가?

③ 회사 입장이 아닌 고객 입장에서 문제를 처리하면 안 될까?

④ 불만의 원인을 왜 확인하려고 하지 않을까?

물론 A 직원이 독단적으로 판단하고 행동을 한 것이 아닌 회사의 주어진 매뉴얼에 따라 대응을 한 것으로 볼 수 있다. 만약에 미래몰에서 좋지 못한 경험을 한 고객은 이러한 사실을 주변에 알리고 그곳에서 이용하지 말라고 할 것이다. 비록 한 고객이 미래몰 매출에 큰 영향을 주지는 않지만 그러한 고객이 많으면 많을수록 점차 미래몰은 소비자에게 외면당하고 시장에서 퇴출을 당하게 된다.

반면에 B 직원의 대처는 상황 파악을 위해 반품을 먼저 하도록 하고 제품 상태 확인 후 고객에게 연락을 주겠다고 한다. B 직원의 경우 회수된 배를 시식하여 고객 불만이 사실인지 또는 과장된 불만인지 먼저 확인하려고 한다. 이때 고객 불만이 사실인 경우 그 원인을 찾아서 해결을 시도 할 것이다.

2) 사례 연구 (영업임원)

고객 불만을 해소하기 위해 경영자의 역할이 매우 중요하다. 두 가지 영업임원의 대응 방안을 가정해 보자.

C 영업임원은 고객의 불만 소식을 듣고 부하직원에 문제 상황을 파악하고 대처하라고 지시했다. D 영업임원은 고객의 불만 소식을 듣고 관련 부문의 부서장을 소집하여 고객 불만 해소를 위한 문제의 원인과 차후 대응 방안을 논의하였다.

어떤 영업임원의 행동이 올바르고 기업 성장에 도움이 될까? 기업의 현장에서 고객 불만 시 C 영업임원처럼 업무 처리를 할 경우 문제가 있다. 단지 부하직원에게 문제 상황을 파악하라고 하면 불만을 제기한 고객은 블랙 컨슈머라고 하고, 문제의 사실을 은폐하고 기존 운영상 문제가 없다고 할 수도 있다.

고객의 불만이 사실인 경우 문제 발생 원인은 검수를 담당하는 직원의 태만 또는 산지업체가 일부 규격 미달 상품을 포장 시 끼워 판매하는 경우 발생될 수 있다. 고객에게 불만을 받은 제품을 반드시 확인한 이후에 대응 방안을 마련해야 한다.

D 영업임원은 관련 부문의 부서장과 회의를 통해서 논의할 경우 객관적으로 여러 상황을 파악할 수 있고 각자의 문제 해결 대응 방안을 협

의하여 종전보다 개선된 방향으로 시도할 것이다.

고객의 각각 입맛이 다른 것은 맞다. 하지만 과일의 경우 맛은 당도에 의해 결정된다. 당도가 높을수록 고객의 만족은 높다. 산지에서 과일 공급업체와 당도를 협의하고 일정 기준을 마련하여 출하업체와 계약 시 문서화 하고 과일 선물세트 포장 시 선물박스에 당도 레벨 스티커를 출하업체가 붙이면 된다. 문제가 발생 시 바로 산지 업체에 연락하여 문제를 처리하면 된다.

소비자는 판매하는 회사를 믿고 제품을 구매한다. 문제 발생 시 당사자 입장이 아닌 3자의 시각에서 문제를 바라보고 해결하려고 노력해야 한다. 고객은 바로 이런 서비스를 원한다. 기업에 있어 고객 불만은 새로운 성장 동력이 될 수 있다고 생각하고 출발할 때 자연스럽게 새로운 서비스를 제공하고 새로운 시장을 발견하고 성장한다.

12. 4차 산업혁명 시대의 영업전략

Philip Kotler의 4P의 Marketing 전략은 제조자 관점에서 출발한다. 4C는 소비자 관점에서의 Marketing 전략이다.

제조자 관점에서 4P

① Product(제품): 좋은 제품을 제조하여 판매하는 것

② Price(가격): 제품과 서비스로부터 얻을 수 있는 가치

③ Place(유통): 다양한 경로로 고객에게 상품, 서비스를 제공하는 활동

④ Promotion(촉진): 고객이 구매하도록 정보를 제공

소비자 입장에서 4C

① Customer Value(고객의 가치)

: 소비자가 만족감을 느낄 수 있게 가치를 부여하는 것

② Customer Cost(구매 비용)

: 소비자 입장에서 만족하여 지불할 수 있는 비용

③ Convenience(고객 편의성)

: 소비자가 편리하게 구매를 할 수 있는 장소나 서비스 제공

④ Communication(고객과 소통)

: 소비자와 기업과 의사소통으로 고객의 소리

1) 소비자의 관점

과거는 공급보다 수요가 많아 제조자 관점에서 생산성 향상에 집중하는 4P 전략을 구사했다. 중국의 WTO 가입 이후 세계의 환경이 변하였고 오늘날 많은 재화와 서비스는 공급과잉 상태에 처해 있다. 동일한 제품을 생산하는 많은 다수의 공급자가 세계시장에 존재하고 있고 공급은 얼마든지 쉽게 늘릴 수 있지만 반면에 수요는 늘릴 수 없는 시대에 우리는 살고 있다.

이런 환경이 바뀐 세상에서는 더 이상 기존의 4P로는 시장이나 고객

에게 접근하는 것은 한계점이 있다. 제조업체라도 소비자 관점에서 접근을 해야 고객이 관심을 갖는 세상이다.

4차 산업혁명 시대를 주도하고 있는 미국 대표기업들은 애플, 아마존, 테슬라, 넷플릭스, 구글이 있다. 이런 기업들의 특징은 독일의 하이테커 철학을 기반으로 한다. 도구 또는 서비스를 통해서 인류에게 편의와 행복을 제공하는 것을 목표로 한다. 이 같은 신제품과 서비스에 사용자는 만족하고 열광하고 지지자가 된다.

애플이 종전과 전혀 다른 스마트폰을 시장에 출현시켰을 때 비싼 가격인데 불구하고 전 세계의 젊은 소비자는 열광을 했다. 왜 그럴까? 바로 젊은 소비자들은 애플폰 사용을 통해 편의성과 행복을 느껴서 높은 가격인데도 불구하고 열광적인 지지자가 된 것이다. 일반적 소비자 관점에서 스마트폰은 많은 문제가 있다. 가격도 비싸고, 내구성은 떨어진다. 만약 기존에 냉장고, 세탁기의 수명이 2년이 안 된다고 하면 소비자들은 소비자 고발 센터에 신고하고 피켓을 들고 데모를 할 것이다. 그런데 그런 일은 발생하지 않았다. 비싼 가격도 전혀 문제가 안 되고, 내구성이 떨어져도 문제가 안 된다. 도대체 왜 그럴까?

소비자는 애플이 최초로 제공한 새로운 가치 서비스에 만족했다. 애플이 제공한 작은 전화기능 종래에 볼 수 없었던 다양한 기능을 제공했다. 통신 기능, 인터넷 기능, 카메라, 녹음기, 내비게이션, 쇼핑, 게임, 예약 등 전화기 하나로 많은 서비스를 제공하였고 소비자는 애플이 제공한 새로운 가치에 만족했다. 애플이 소비자 욕구를 충족시켜준 것이다. 앞으로도 애플이 새로운 서비스를 제공하여 소비자에게 만족을 제공할 것이라고 믿고 있다.

서비스 산업에 국한된 것이 아니다. 제조업체도 가능하다. 예를 들면 미국의 다국적 기업 GE는 전력, 신재생 에너지, 항공, 헬스케어 등 다양한 분야에서 활동하는 기업이다. GE는 항공기 엔진을 제조하여 항공기 제조사에 공급을 하였다. 항공기 제조사가 GE의 주 고객이고 항공기 제조사의 주 고객은 항공회사다. GE는 항공기 제트엔진을 제조하면서 항공기 부품에 센서를 부착하여 항공기 운항 시 방대한 정보를 축적하게 되었다. 이렇게 입수된 정보를 바탕으로 최적의 연비 효율을 얻을 수 있는 제트엔진 사용법을 분석하였다. 기종별로 몇 마일까지 운행 가능하며, 언제쯤 수리를 해야 적절한지 알려주고, 엔진 속도에 따른 유류량을 측정하여 효율적인 항공유류 절감 방안을 제시하는 등 엔진을 제조하는 과정에서 많은 지식과 데이터를 얻게 되었고 이를 활용하여 항공회사에 최적의 운항 시스템 서비스를 제공했다. 항공사 입장에서는 기존 항공기 제조회사에서 받아 보지 못한 서비스다. GE가 제시한 새로운 가치 서비스에 만족하고 GE와 새로운 가치 운항 시스템 서비스를 체결한 것이다. 이처럼 제조업체도 기업을 상대로 충분히 새로운 서비스를 제공 가능하다.

B2C와 같이 소비자 관점에서 출발해야 한다. 즉 기업의 고객 관점에서 생각하고 느끼고, 고객 만족을 위해 고민하는 것부터 출발하면 된다. 이런 사고의 전환부터 시작해야 새로운 가치를 만들고 새로운 시장을 만들어 갈 수 있다.

2) 고객과 대화방식의 변화 (다자간 대화)

B2B 산업은 소비자와 양방향 대화를 통해 고객이 원하는 요구를 파악하고 적절한 행동을 하여 제품을 공급하려고 한다.

예전에 B2C 산업은 소비자와 대화 방법이 광고를 통한 일방향 대화였다. 공급자의 광고를 보고 구매 욕구가 발생하면 소비자가 구매하였다. 그래서 많은 B2C 기업은 광고를 통한 마케팅 활동을 적극적으로 했다. 그러나 이 같은 광고에 의한 일방향 대화방식은 4차 산업혁명 시대에 더 이상 적절하지 못하다고 생각하고 많은 기업이 다자간 대화방식을 중요하게 생각하고 있다. 다자간 대화방식이란 제품 사용 후 고객이 품평을 직접 하게 하는 것이다. 고객의 쓴소리를 경청하고 이를 참고로 하여 새로운 서비스를 제공하거나 품질을 개선하려고 한다. 이와 같은 소비자의 품평이 영향력이 매우 커서 처음 이용자는 사용자의 댓글을 보고 구매 의사를 결정하는 시대에 우리는 살고 있다.

3) 4차 산업혁명 시대에 제조업체에 요구되는 것

4차 산업혁명 시내에 제조업체에 요구되는 것은 (1) 융합적 사고, (2) 비판적 사고, (3) 데이터 활용이다.

(1) 융합적 사고

융합적 사고는 하나의 분야가 아닌 다른 분야와 합쳐지면서 둘 이상의 효과와 성능을 나타내는 것을 말한다. 스마트폰의 경우 전화, 녹음기,

TV, 통신, 메일, 쇼핑, 예약, 음악, 영화, 여행, 금융, 내비게이션 등 다양한 분야가 융합된 형태다.

제조업체도 제조자 관점에서 벗어나 고객의 관점에서 생각하고, 회사 내에서도 영역의 테두리에 벗어나 관리, 영업, 기술을 융합하여 고객의 편의를 우선으로 생각하고 이에 적합한 재화나 서비스를 제공하도록 노력해야 한다.

(2) 비판적 사고

비판적 사고는 기존의 방식으로 문제 해결이 안 될 경우 기존의 시각과 다르게 사물을 보고 데이터를 근거로 하여 새로운 해결 방안을 제시하고 실행하는 것을 말한다. 비판적 사고를 가지고 있는 사람은 스스로 많은 질문을 하고(왜 그럴까?, …하면 안 될까?) 이를 증명하는 실험을 하며, 실패 시 다시 관찰하고 원인을 찾아 재도전한다. 비판적 사고를 가진 소수가 기업에 해결의 방향성을 제시하고 미래 성장에 기여한다.

(3) 데이터 활용

데이터 활용이란 많은 기업은 기업의 역사만큼 고유의 데이터를 보유하고 있고, 보유하고 있는 데이터를 활용하여 새로운 성장 동력으로 활용하는 것을 말한다. 데이터 활용을 못 하는 경우는 데이터를 결과물로만 인식하기 때문에 제대로 활용하지 못한 채 잠들고 있는 것이다. 데이터는 시장의 흐름, 변화 그리고 위험 현상을 미리 알려주고 있다. 이것을 이용하는 사람이 변화 또는 의미를 인식을 못 할 경우 그냥 의미 없는 숫자가 되고 만다. 5장에서 언급한 것처럼 영업 업무일지를 활용하면 다양한 분석이 가능하고 이를 활용하여 영업사원에게 보다 명확한 지시를 내릴 수 있고, 영업전략 방향성을 제시할 수 있다.

이처럼 데이터를 활용하게 되면 더욱 많은 새로운 시장접근과 전략을 수립할 수 있다. 누구나 다 데이터를 활용할 수 없다. 데이터를 활용 가능한 사람은 바로 비판적인 사고를 가진 사람이다. 이들에 의해 데이터는 재해석되고 활용된다.

4) 제조업체가 버려야 할 것

4차 산업혁명 시대에 제조업체가 버려야 할 것은 (1) Legacy Cost, (2) 기술과 기능에 대한 맹신이다.

(1) Legacy Cost (과거 유산 비용)

Legacy Cost란 기업이 성장할수록 조직은 관료적으로 변하고 안정 지향적 문화로 변한다. 과거 성장에 많은 도움을 주었던 기업문화, 조직, 구성원 경험 등이 오히려 현재와 미래 성장에 제약 요소로 작용하기도 한다.

세계적으로 성공한 많은 기업들이 과거 유산으로 인하여 발전보다 쇠퇴의 길을 걸어간 사례는 매우 많다. 한때 카메라 필름 시장에서 1등 기업 Kodak 필름은 세계 최초로 디지털카메라를 발명하였지만 필름 시장의 이익에 만족했다. 필름 시장 위축을 염려하고 최고 경영진의 무관심 속에 결국 디지털카메라는 상용화되지 못하고 디지털카메라 시장을 일본 업체에 넘겨 주었다.

한때 세계 1등 핸드폰 제조회사인 노키아도 마찬가지 경우다. 세계 최초로 스마트폰을 먼저 개발했으나 현실에 안주한 경영진의 무관심 속에 그 가치를 모르고 애플보다 먼저 개발된 기술을 사장 시켜버렸다. 커다란 성공을 맛본 기업일수록 성공의 기반이 된 구성원과 과거의 성공 경험이 오히려 변화하는 세상에서 유능한 인재와 신기술 가치를 보지 못하고 외면하기 때문이다. 여러분 회사에도 유능한 인재가 있는데도 불구하고 과거 유산에 머무른다면 새로운 아이디어 또는 신기술의 가치를 느끼지 못하고 유능한 인재를 퇴사하게 유도할 수도 있다.

성장이 정체되어 있다면 겸허히 과거 성장에 취해 관료적 조직 문화의 모습으로 변질된 것은 무엇인지, 현재 조직이 변화와 혁신에 적합한 것인지, 과거의 성공 경험이 오히려 미래 성장에 제한된 방해 요소로 작용하는 것이 없는지, 다방면으로 점검하고 불필요한 과거 성공 유산을 제거하면서 다시 성장을 위한 도전을 단계적으로 시작하면 된다.

(2) 기술과 기능에 대한 맹신

기술과 기능에 대한 맹신을 버려야 한다. 많은 사람이 오해하고 있는 사실은 4차 산업혁명에서 기술과 기능이 중요하다고 생각하는 데 기술과 기능은 수단을 이루기 위한 도구일 뿐이다.

혁신가에 의해 기업의 방향성을 제시할 때 기업의 모든 참여자가 움직이고 이 과정에서 기술과 기능이 목적을 이루기 위한 수단과 도구로 사용되며, 일을 추진하는 과정에서 어떤 장애물을 만날 경우 장애 요소를 제거하기 위한 수단으로 새로운 기술과 기능이 필요한 것이다.

우리의 많은 기업은 "빅 데이터를 다룰 수 있는 인재가 없어!, AI 기술 능력이 부족해!" 하면서 AI 분야, 빅 데이터, IOT 등 분야의 우수한 경력자만 찾으려고 헤드헌터를 통해 인력을 구하려고 한다. 우수인력을 구해도 과연 성공할 수 있다고 확신하는가?

오늘날에 4차 산업혁명 분야 기술 경험자를 스카우트하여 일을 추진해도 많은 기업이 원하는 방향으로 진전되지 않는다.

그 원인은 과연 무엇일까? 4차 산업혁명의 본질을 파악하지 못하는 경우 이런 문제가 발생할 가능성이 매우 높아진다.

혁신의 아이콘인 애플의 스티브 잡스, 중국 알리바바 마윈 회장, 아마존의 제프 베이조스, 테슬라의 일론 머스크 모두 엔지니어가 아닌 기업에 방향성을 제시하는 비판적 사고를 지닌 인물이다. 이들은 기업 구성원에게 새로운 방향성을 먼저 제시하고 구성원들의 참여를 이끌면서 새로운 재화와 서비스를 사회에 제공하는 기업의 혁신가다.

새로운 방향성을 먼저 제시하고서 실현을 위해 엔지니어에게 자극과 독려를 하면서 실현 가능한 기술과 기능을 요구한다. 물론 이들도 많은 실패를 경험하면서 궁극적으로 새로운 제품과 서비스를 만드는 사람이다.

아무런 방향성을 제시하지 못하는 상태에서는 아무리 좋은 기술과 기능을 가진 엔지니어를 다수 보유해도 의미가 없다. 새로운 가치를 창출하기 어렵기 때문이다.

먼저 기업이 미래 방향성을 설정하고 이를 실현하기 위해 기술과 기능이 필요한 경우 그 분야의 엔지니어에게 새로운 기능을 요구하고, 완성하게끔 영감을 주고 격려와 독려하며 새로운 재화와 서비스를 만드는 것, 이것이 바로 4차 산업혁명의 본질이다.

많은 4차 산업혁명의 기업들은 몇 가지 공통점을 지니고 있다. 기업의 역사가 길지도 않고, 자본도 풍부하지 않았고, 인력도 부족하였지만, 기존의 업체들이 제공하지 못하는 작은 차별화 서비스를 통해 단계적으로 성장하고 시장의 환호를 받으며 급속하게 성장한 것이다.

예를 들면 온라인 유통업체에서 고객에게 신뢰를 얻기 위해 반품을 용이하게 하였고, 젊은 여성세대를 위한 새벽 배송, 제사음식 제공 등 기존에 없는 다양한 새로운 서비스 제공을 통해서 많은 새로운 시장을 만들어 나아가고 있다.

사업 초기에는 누구나 안된다는 부정적 생각보다 할 수 있다는 신념 하에 출발을 했다. 시간이 지나감에 따라 우리도 모르게 우리가 가지고 있는 도전의 DNA는 현실에 안주하면서 잠들고 있다. B2B 제조업체도 경쟁자와 다르게 작은 차별화를 통해 단계적으로 시장에 접근하고 기업의 많은 참여자가 작은 성과를 느끼면서 더욱더 커다란 변화를 추구하여야 4차 산업혁명 시대에 생존이 가능하다. 작은 변화가 점점 축적되어 큰 변화를 이룰 수 있듯이 작은 변화부터 시도하기를 권한다.

다시 여러분의 도전 DNA를 펼쳐라! 그럼 여러분도 모두 4차 산업혁명 시대를 이끌어 갈 수 있는 주인공이 될 수 있다.

7장

고객이 원하는
서비스?

객관적으로 영업 담당과 구매 담당을 비교할 필요가 있다. 많은 영업 사원들은 싫든, 좋든 상관없이 구매 담당과 많은 시간을 함께 보내면서 우호 관계를 유지해야 한다. 상대의 장점과 단점을 파악해야 명확히 영업사원 역할을 수행할 수 있기 때문이다.

1. 구매 담당 VS 영업 담당 비교

의사결정을 하는 데 있어 중요한 요소는 정보와 판단을 근거로 한다. 정보는 다양하게 존재하며, 상대에 따라 다르게 해석을 하고, 정보 취득 시점에 따라 정보의 가치가 다르다. 이제부터 영업사원과 구매자 간 정보에 대한 객관적 비교를 해 보자.

정보 입수 시 정보의 양, 정보의 질에 따라 정보가치는 차이가 다르게 존재한다.

1) 정보의 양

구매자는 본인의 노력에 상관없이 기존 국내·해외 공급선에서 많은 정보를 입수하고, 거래 관계가 없는 신규 희망 업체로부터 정보를 입수하기도 한다. 취급 제품이 많을수록 입수되는 정보의 양은 매우 많고, 다수의 공급업체가 거래 관계 유지를 위해서 변동 사항 발생 시 신속하게 다양한 정보를 제공한다.

반면에 영업사원은 외부로부터 제공받는 정보는 매우 적다. 본인 스스로 정보 입수를 위해 많은 시간과 노력을 해야 얻을 수 있다. 이런 조건에서 영업사원은 가능한 많은 사람을 접촉하고 다양한 인적 Network를 형성해야 점차 정보의 양이 증가한다. 그러나 구매자에 비하여 입수되는 정보의 양은 절대적으로 부족하다.

2) 정보의 질

구매자가 입수한 정보는 질적으로 우수하다. 만약 관련 업체가 잘못된 허위 정보를 제공할 경우 구매자와 신뢰 관계가 손상되어 항상 사실에 입각한 정보를 제공한다. 제공된 정보는 과거의 것이 아닌 최근에 발생한 것 또는 미래에 발생 예정인 회사 정책이기도 하다.

영업사원이 입수한 정보는 취재원에 따라서 과거의 정보, 일반적으로 공유된 정보, 사실과 다른 허위 정보도 포함된다. 때론 상대가 제공한 정보는 사실 70%와 상대 입장을 감안하여 가공 30%인 정보를 제공하는 경우도 있다. 구매 담당자와 다르게 입수된 정보는 가치가 없는 쓰레기 정보도 많이 존재한다.

영업사원은 입수된 정보확인을 위해서 개인의 인적 Network, 사내의 전문가 도움을 받거나, Mass media를 통해 검증 절차를 거쳐야 한다. 정보 입수를 위해 보다 많은 사람과 접촉을 시도해야 구매자보다 좀 늦지만, 최신 정보를 수집해 영향력까지 추정하고 이를 바탕으로 영업정책에 반영하도록 노력해야 한다.

구매자에게 공급자가 가공 정보를 제공하는 예외적 경우가 있다. 해외의 공급자이지만 해외시장에서 특정 제품에 대해 경쟁 관계에 있을 경우에 발생한다. 해외 공급자는 구매기업보다 해외시장에서 유리한 상황을 전개하기 위해 구매자에게 사실 70%, 허위 30%인 가공 정보를 제공해 수요자의 영업전략에 혼선을 빚게 한다. 상대방의 상황 인식에 영향을 주어서 상대방이 어떤 행동을 하거나 또는 못 하게 하기 위해 거짓을 그럴듯하게 생각하도록 만든다.

즉 가공된 정보로 공포감과 압박감을 구매자에 심어주고 가격 인상의 정당성 인정하고 대량 구매를 유도한다. 문제는 구매자의 잘못된 판단을 다시 사내의 영업부문에 가공 정보를 전달하여서 잘못된 영업정책을 펼치게 한다. 이것이 바로 상거래의 기만술과 이간계다.

이후에 구매자가 본인의 실수를 인식하면 동일한 문제가 재발하지 않으나, 스스로 잘못된 판단을 합리화할 경우 동일한 문제가 다시 발생한다. 구매가 제공한 정보를 영업부문에서 여러 지역의 시장 상황을 점검해 시장의 변화 조짐을 관찰하면 사실 여부를 확인할 수 있고 실수를 사전에 방지할 수 있다.

3) 정보에 대한 반응속도

구매자는 취득한 질적으로 우수한 정보를 다양한 정보 채널을 통해 확인하며 구매 정책에 반영할 수 있다. 주어진 정보가 정확하다고 판단하면 회사에 미치는 영향력을 추정하고 영향력이 클 경우 즉각적 반응, 즉 구매를 실행할 수 있다.

구매자는 사내에서 원료 정보를 가장 많이 보유하고 있고 구매 결정 시 일정한 자율권이 있어서 영향이 있다고 판단되면 바로 실행하고 사후에 보고하면 된다. 구매는 속도가 관건이다.

가격 인상 전 남보다 1일 또는 1시간 전에 결정을 하고 실행하면 그 결과의 차이는 매우 크다. 공급자가 가격을 인상 선언한 이후에는 어떤 구매자라도 원하는 가격과 수량을 확보하지 못한다.

영업사원은 입수한 정보의 확인 절차와 내부 결재 과정을 거쳐야 하므로 반응속도가 구매자에 비해 느리다. 공급자가 어느 날 갑자기 가격 인상을 발표하는 경우도 있다. 허나 이미 환율, 유가, 금리 및 산업계 변화, 해외 공급업체의 물량 조정 등 다양한 형태의 조짐이 미리 나타나기 때문에 구매자는 가격 인상 이전에 어느 정도 대응 방안 마련이 가능하다. 구매자의 업무태만으로 주변 상황의 변화에도 이를 알지 못해 충분한 대응을 못 한 경우는 예외적 상황이다.

정보량, 정보의 질, 정보에 대한 반응속도를 구매자와 영업사원 입장에서 검토하였다. 우리는 구매자가 영업사원보다 우위에 있다는 점을 인정하고 다른 방안을 모색해야 한다.

질의사항

Q1: 이런 상황에서 영업사원이 해야 할 역할은 무엇인가?

영업 담당은 지정학적 약점에 의해 정보 면에서 구매자보다 열위에 있다. 구매자의 역량이 높아서가 아니다. 구매에서 근무를 하면 많은 공급자로부터 손쉽게 정보를 얻을 수 있기 때문이다.

영업사원이 해야 할 역할은 구매자보다 열위에 있지만, 경쟁사보다는 우위에 있으면 된다. 그것이 최선의 선택안이다. 다음 4가지 사항을 준수하면 경쟁사보다 우위에 설 수 있다.

① 거래선 방문 시 3가지 원칙 준수
- 명확한 방문 목적
- 데이터화
- 수집된 정보 점검
② 시장조사 및 정보 수집에 집중
③ 분석적 사고
④ 경제지표에 관심을 둘 것(유가, 환율, 금리)

영업사원의 역할 4가지 사항은 제8장에서 더 논의해 보자.

2. 고객이 원하는 서비스

영업 활성화 방안으로 기업은 고객에게 다양한 서비스를 제공하고 있다. 허나 서비스를 제공받는 고객은 공급자가 제공하는 서비스에 만족을 할까? 고객 관점에서 수요자가 원하는 서비스는 과연 무엇일까? 여러 가지 의문이 생긴다.

B2B에 있어서 공급자와 수요자의 대화는 일방향 소통보다는 양방향

소통이 되어야 한다. 고객 관점에서 만족하는 서비스를 제공받았을 때 비로소 효과가 나타날 수 있기 때문이다.

공급자가 제공하는 다양한 서비스는 아래와 같다.

(1) 좋은 가격
(2) 우수한 품질
(3) 안정적 제품 공급
(4) 기술 서비스
(5) 물류 서비스
(6) 정보

공급자와 구매자의 상관관계는 존재한다. 공급자가 역할을 잘 수행하기 위해 먼저 구매자 관점에서 살펴보자.

(1) 좋은 가격

가격은 시장에서 형성된다. 공급자가 최선의 가격이라 제시를 했지만 시장 가격과 차이가 나면 거래조건은 형성되지 않는다.

(2) 우수한 품질

우수한 품질은 구매자가 규정하는 최소한의 품질 조건이다. 구매자가 제시하는 품질 조건을 충족해야 제품을 사용할 수 있다.

(3) 안정적 제품 공급

안정적 제품 공급은 거래의 기본 조건이며 공급자가 수요자에게 안정적 공급을 보장하지 못하면 거래가 성사될 수 없다. 공급자 사정으로 고객의 생산 라인이 멈추지 않아야 한다.

(4) 기술 서비스

기술 서비스는 Before 서비스와 After 서비스로 구분되고 현장에서 공정상 문제 발생하기 이전에 제공을 하거나 문제 발생 후 해결을 위한 공급자가 제공하는 기본 서비스다.

(5) 물류 서비스

물류 서비스는 고객이 제품 주문 시 제품을 지정한 날짜에 지정한 장소로 인도하는 공급자의 기본 서비스다.

(6) 정보

정보는 범위가 너무 막연하다. 공급자가 제공하는 정보와 구매자가 요구하는 정보는 차이가 존재한다. 구매자는 현재 시점에서 의사결정에 필요한 정보를 원하고 있다. 즉 경쟁사의 동향, 원료 시황의 변동 사항, 산업계 동향 등이다. 특히 새로운 기술과 산업계의 동향과 같이 일반적으로 취득하기 어려운 고급 정보 얻기를 희망하고 있다.

질의사항

Q1: 고객 입장에서 가장 원하는 서비스는 무엇인가?

Q2: 나는 어떤 서비스 제공으로 고객을 만족시킬 것인가?

Q3: 우리가 제공하는 서비스와 경쟁사와 차이점은 무엇인가?

가격, 우수한 품질, 안정적 제품 공급, 물류 서비스와 기술 서비스는 고객이 요구하는 기본 서비스다. 물론 공급자의 역량에 따라 차이는 존재한다. 영업사원은 경쟁사 또한 동일한 서비스를 고객에게 제공하고 있다는 사실을 인지해야 한다.

구매자가 요구하는 기본 요건을 충족하지 못한다면 거래 결격사유라고 판단하여 거래가 성사되지 않는다.

구매자가 희망하는 정보는 경쟁사, 동종 업계 동향, 산업계 동향 그리고 원료 동향이다. 아울러 기술 경쟁력을 높일 수 있는 정보와 전략 수립에 도움이 되는 정보를 원한다.

정보는 제공하는 사람의 능력에 따라 정보의 질이 차이가 매우 크다. 정보는 개인 노력에 따라 타인과 차별화가 가능하다. 경쟁사 영업사원보다 고객에게 우수한 정보 제공을 위해 영업사원은 다음과 같은 노력이 필요하다.

① 기술 연구원과 잦은 교류 (자사 및 고객의 연구소)

② 산업계 동향 파악을 위해 동종 업계 전문가 의견 청취

③ 세미나 및 전람회 참관 후 전문가 의견 청취

④ 관련 전문 서적 독서

사물을 보고 느끼는 판단력은 단기간에 이루어지지 않는다. 차곡차곡 쌓이고 충족되었을 때 옳고 그름을 판단하는 능력이 향상되고 이를 바탕으로 바른 의사결정을 한다. 만약 타인과 동일한 사고와 행동을 하면 동일한 결과를 얻을 가능성이 높고 이런 상태로는 고객 만족을 실현하지 못한다. 새로운 나만의 가치를 제공하기 위해 전문가 상담, 전문 서적, 세미나 참관을 통해서 개인의 지식 영역을 넓혀야 한다.

영업사원이 스스로 지식의 영역을 넓히기 위해 많은 시간 투자를 할 때 비로소 넓게 바라보고 고객이 원하는 정보 서비스를 제공 가능하며 고객으로부터 신뢰를 얻을 수 있다.

고객이 이러한 차별화된 고급 정보에 만족할 경우 경쟁사보다 좋은 정보를 제공한 영업사원에게 더 좋은 기회를 제공한다.

고객으로부터 좋은 기회를 원한다면 우선 영업사원이 스스로 변화하고 노력해야 고객으로부터 인정받고 좋은 기회를 얻을 수 있다.

이처럼 영업은 전문적인 분야다. 아무나 업무에 투여되어 성과를 창출할 수 없다. 성과를 창출하기 위해 영업전문가가 우선 되어야 한다. 요즘 많은 직장인이 일과 삶의 균형을 중시한다. 이미 전문가 이거나, 평범한 삶을 원한다면 종전과 같은 방식으로 생활해도 괜찮다. 하지만 책을 읽고 있는 영업사원이 있다면 스스로에게 물어보자. "당신은 영업전문가입니까?", "영업전문가가 되기를 희망합니까?" 만약 시장에서 인정하는 영업전문가가 되길 희망한다면 여러분의 미래를 위해 남보다 더 많은 시간을 투자하길 권한다.

8장

우수
영업사원이란?

높은 영업이익을 창출하려면 기업의 모든 부분이 노력해야 가능하다. 기술력에 의한 우수한 품질, 효율적 공정관리를 통한 우수한 생산성, 구매 원가 절감에 의한 가격 경쟁력 제고와 우수한 영업사원에 의한 영업실적 등 기업의 모든 부분이 공동의 노력으로 좋은 영업이익이 탄생한다.

오늘날 많은 기업은 우수한 영업사원을 많이 보유하면 더욱 좋은 영업실적을 이룰 수 있기에 우수한 영업인재 발굴에 힘쓰고 있다. 이제 우수 영업사원에 대해 서로 의견을 교환해 보자.

경영자에게 묻는 몇 가지 질문

Q1: 우수 영업사원이란 어떤 인재인가?

Q2: 우수 영업사원 양성에 대한 지침 방향을 제시하는가?

Q3: 우리는 어떻게 영업사원 교육을 시키는가?

Q4: 기존 교육 방법으로 우수 영업사원 양성이 가능한가?

Q5: 영업사원이 희망하는 영업교육은 무엇일까?

우수 영업사원이란 어떤 인재인가?

- 실적이 우수한 영업사원
- 적극적으로 영업활동을 하는 영업사원
- 거래선과 우호적 관계를 유지하는 영업사원

통상적으로 위의 3가지 유형을 우수한 영업사원이라고 한다. 우수한 실적, 적극적 영업활동을 하고, 고객과 우호적 관계를 유지하는 이 모든 것은 행위의 결과다.

과연 영업사원이 이와 같은 행위 결과를 보고서 스스로 우수 영업사원이 되는 데 도움이 될 수 있을까? 선천적 재능이 있는 경우 가능성이 높다. 그렇지 못한 경우에는 누군가에게 도움을 받거나, 후천적으로 노력해야 한다.

선배나 상사의 조언과 일의 결과에 대한 Feedback을 수시로 받을 경우에는 영업사원의 역량은 향상되고 우수 영업사원으로 한발씩 다가갈 수 있다. 그러나 현실은 시간적 문제로 선배와 상사로부터 그런 도움을 받지 못하는 경우가 많다.

그럼 어떻게 해야 할까? 바로 회사가 이 부분에 대한 부족함을 채워주어야 한다. 그것이 회사의 역할이다. 우수 영업사원 양성을 위한 회사의 역할에 대해 다시 논의하겠다.

회사가 우수 영업사원에 대한 지침 방향을 제시하는가? 회사가 막연히 직원 스스로 능력을 개발하여 우수 영업사원으로 성장하길 희망하기보다 직원의 능력과 역량을 양성하는 방향으로 진행할 때 더욱 좋은 성과를 얻을 수 있다. 이제 우수 영업사원 양성에 대해 논의하여 보자.

1. 우수 영업사원 양성방안

형식적인 방식이 아닌 영업사원들이 공감하고 변화를 위해 기존 방식보다 개선된 방향으로 진행되어야 한다. 우수 영업사원 양성을 위한 세

가지 방안을 제안한다.

1) 영업사원 교육 개선
2) 우수 영업사원의 Guide Line 제공
3) 상하 간 자율적 사고의 교환 분위기 조성

1) 영업사원 교육 개선

회사는 직원 업무능력 향상을 위해 교육부서가 주관하여 직무교육, 직능교육, 직급교육, 단체교육 등 다양한 교육을 실시한다. 직무능력을 향상을 위한 직무교육과 업무 수행을 위한 직능교육, 사원, 간부, 경영진을 위한 직급교육, 단체교육 등 다양한 교육을 제공한다.

제조업체에서 영업사원을 대상으로 실시되는 교육은 제품 지식교육과 고객 응대 방법, 정신교육을 주로 한다. 제품의 기본지식이 있어야 고객과 대화가 가능하고, 현장에서 문제를 발견하고 상황 대처를 위한 기본 교육이다. 전문 교육이 필요한 경우 교육 주관 부서가 외부 위탁업체와 협의하여 교육과정을 선정한다.

진정으로 영업사원이 희망하는 교육은 무엇일까? 그것은 바로 시장 전문가 중심의 교육을 필요로 한다.

교육 주관 부서가 임의적으로 위탁교육을 선정하기보다는 영업중역이 중심이 되어 영업사원에게 필요한 교육을 선정하는 것이 더욱더 바람직하다. 현업을 잘 모르는 상태에서는 무엇이 핵심이고, 영업사원이 부족한 것이 무엇인지, 어떤 교육이 현재 가장 필요한지 잘 알고 있기 때문이다.

위탁한 외부 교육기관이 영업이 원하는 시장 전문가 중심 교육을 제공하기에는 현실적으로 어려움이 있다. 이론을 바탕으로 한 교육보다 실전적 경험을 토대로 한 교육이 더욱 효과적이다.

그럼 어떻게 해야 하는가? 기업 자체적으로 시장 전문가 중심 교육을 마련하는 것도 좋은 방안이 될 수 있다. 시장을 누구보다 잘 이해하는 사람은 바로 현업 종사자이고 영업사원이 희망하는 교육을 제공할 수 있다.

시장을 중심으로 사물을 보고, 변화를 주목하고, 역할을 스스로 설정하는 능력을 올려야 한다. 그러기 위해서는 다음과 같은 활동이 필요하다.

- 사내 정보 교류를 활성화
- 정기적 발표의 장을 마련
- 외부의 세미나 또는 전람회 참관

(1) 사내 정보 교류화

시내 정보 교류화란 영업과 연구소 직원이 함께 시장 정보 교류를 활성화한다. 영업적 관점에서 시장 정보를 제공하고 연구소에서 기술적 관점하에 시장에서 변화되는 품질과 기술의 변화를 서로 공유하는 Collaboration이다.

단순하게 회의를 위한 회의로 되지 않기 위해서는 영업임원이 주관이 되어 진행하고 이런 회의를 통해 미래 먹거리를 찾도록 하는 것도 하나의 좋은 방안이다. 이런 사내 정보 교류화 과정에서 영업사원은 좀 더 심도 있게 시장 변화를 알게 되고 전문가로서 한 걸음 한 걸음 발전하는 것이다.

(2) 정기적 발표

정기적 발표를 실시한다. 영업과 기술 참여자가 정보 교류를 하고 이를 토대로 업무 진행 방향을 설정하여 추진사항을 정기적으로 발표하도록 한다. 이 발표의 주최는 부문의 리더가 전담하며 부문의 리더는 팀원들에게 각자의 역할을 부여하고 진행시키고 업무를 주관한다. 현업을 고려하여 분기 또는 반기에 한 번씩 실시한다. 정기발표를 통해서 영업과 연구소와 거리가 축소되고 서로 다른 입장을 이해하고 협력적 분위기를 조성하게 되는 부수적인 효과 또한 얻을 수 있다.

(3) 세미나, 전람회 참관

세미나, 전람회 참관은 관람이 목적이 아니다. 참관한 직원이 참관 후 무엇을 느끼고, 시장에서 어떤 변화가 있는지 느끼고, 우리의 조직에서 활용 방안은 무엇인지? 참관자 모두에게 의견을 발표하도록 해라.

이러한 세 가지 방안을 통해 참여자 모두 다양한 지식과 사고를 얻게 된다. 동료의 발표를 청취하는 것도 사고력 향상에 좋은 방안이다. 시장을 바라보는 많은 차이와 관점으로 인해 참여자는 많은 지식과 더불어 사고력도 향상된다. 혼자서 사고하는 것보다 다양한 지식과 사고를 비교하면서 사고 영역은 넓어지고, 무언가를 하려고 시도할 때 더욱 나아지고 시장 전문가가 된다. 기업의 리더가 의지를 가지고 꾸준히 개선시켜 나아가야만 직원은 시장 전문가로 성장할 수 있다.

형식적인 직원의 외부교육, 정보 교류, 발표는 시간 낭비다. 시장에서 인정받을 수 있는 전문가 중심의 교육을 만들어라!

2-1) 우수 영업사원의 Guide Line 제공

우선 영업사원에게 어떤 방식으로 업무 진행해야 하는지 기업은 최소한 방향이나 지침을 제시해야 한다. 개개인이 업무 수행을 하면서 체득하고, 효율적 새로운 방안을 시도하며 새로운 경험과 지식이 축적되면 문제 해결 능력은 강화된다.

영업사원의 7가지 행동 지침

(1) 업무 순위를 정하고 일을 진행

(2) 고객이 원하는 서비스를 제공

(3) 고객 방문 시 3가지 원칙 준수

(4) 시장조사 및 정보 수집에 집중

(5) 호구가 되지 말자 (동일한 실수 빙지)

(6) 스스로 일을 찾아서

(7) 역량 강화를 위해 스스로 학습

(1) 업무 순위를 정하고 일을 진행

영업사원은 많은 일을 수행해야 한다. 관리 업무와 개발 업무를 병행하는 데 있어 가장 중요한 것이 시간의 안배다. 주어진 시간은 한정적이다. 일의 효율성을 높이기 위해서는 일의 순서를 정하고 중요도가 높은 일을 먼저 선정하여 일을 진행해야 한다. 이때 과욕이 앞서 너무 많은 목표를 정하면 죽도 밥도 안되는 현상이 발생한다.

직급이 높을수록 반복적 업무는 아래로 이양하고 판단과 의사결정을 하는 업무에 집중하라.

(2) 고객이 원하는 서비스를 제공

7장에서 언급한 것처럼 고객이 희망하는 서비스를 제공하도록 하라. 구매자가 희망하는 정보는 경쟁사 동향, 업계 동향, 산업계 동향 그리고 원료 동향이다. 경쟁사가 제공하지 못한 차별화된 서비스 즉, 정보 제공이다.

좋은 정보 제공을 위해 많은 시간을 투여하고 자기계발을 충실히 하라.

(3) 고객 방문 시 3가지 원칙 준수

5장 고객 방문에서 언급한 것처럼 고객 방문 시 3가지 원칙을 준수하는 습관을 들여라. 명확한 방문 목적, 데이터화, 수집된 정보 점검이다.

이런 습관된 행동은 본인도 모르게 업무 수행 시 계획하에서 일을 진행하고, 데이터에 근거한 판단을 하게 된다. 이런 과정에서 영업사원의 판단 능력은 향상된다.

(4) 시장조사 및 정보 수집에 집중

시장 추세가 어떻게 움직이고 있는가? 전방산업과 후방산업의 동향은 어떠할까? 후방산업이 미래에 성장할지, 하락할지 의문을 갖고 유심히 관찰하라. 스스로 궁금증을 가지게 되면 그때부터 관련 분야의 사람들과 이야기를 나누고, 때로는 전문가의 고견을 듣거나, 관련된 전문 책자를 독서하라.

많은 시간을 투여할수록 판단 능력은 향상된다. 이런 축적된 많은 정보와 지식이 바로 영업사원의 큰 지적자산이 되고 판단 능력과 바른 의사결정에 도움을 준다.

(5) 호구가 되지 말자 (동일한 실수 방지)

업무를 진행하면서 누구나 실수를 할 수 있다. 동일한 실수를 반복할 경우 상대방에게 호구라고 평가받는다.

업무 완료, 상담 완료 후 스스로 업무과정 복기를 추천한다. 복기를 하며 미처 생각하지 못한 부분과 더 나은 선택안은 없었는지 나와 상대방 입장에서 모두 살펴봐야 한다. 폐쇄적인 사고를 하는 사람은 타인이 자신과 다른 생각을 반대하는 이유를 알고 싶지 아니하고 자기주장만 이야기한다. 영업사원은 절대로 폐쇄적 사고를 하여서는 시장으로부터 인정받을 수 없다.

때로는 주변의 전문가와 대화를 하고 나의 사고와 차이점을 비교하면서 사고의 폭을 넓히면 실수를 방지하는 데 도움이 될 수 있다.

(6) 스스로 일을 찾아서

일을 잘하는 사람은 본인이 주동적이다. 타인이 지시하는 일을 잘 처리하는 것도 중요하나 상사의 지시가 없어도 스스로 일을 찾아 일을 주도해야 한다. 직급이 올라갈수록 일을 찾아 업무 목표를 설정하고 일을 수행해야 한다.

스스로 일을 찾아 일을 하는 영업사원은 가격 인상 시기에 회사가 가격 결정 이전에 가격 인상 논리를 마련하고 고객에게 당위성을 전달하면서 가격 인상 작업을 실시하고, 가격 인하 시기에 고객이 요청하기 전에 먼저 살펴보고 근거가 있는 경우 경쟁사보다 한발 빠르게 상사에게 건의해 가격 인하를 실행해야 한다. 이런 행동이 시장 주도권을 갖게 되는 것이다. 가격 인하 시기를 한 박자 늦추는 것보다 경쟁사보다 한걸음 먼저 실행하는 것이 오히려 시장을 장악하는 데 있어서 긍정적이다.

우매한 상사는 이와 반대로 지시한다. 특히 가격 하락기에 가격 인하를 최대한 늦추고 구매자에게 대면영업으로 해결하라고 영업사원에게 요구한다. 당신이 고객이라면 항상 늦게 반응하는 공급자와 먼저 반응하는 공급자가 있을 경우, 과연 누구에게 신뢰를 느낄까? 고객은 잘못된 공급자의 행동에 대해 결코 가만히 두고 보지 않는다. 남들보다 10분 일찍 판단하여 실행해도 결과의 차이는 크다.

영업을 하는 사람은 이점을 항상 유념해야 한다. 스스로 일을 찾아서 일을 진행하면 문제 상정 능력이 향상된다. 스스로 상황을 설정하고 설정된 상황에서 문제 해결을 위하여 방안을 가지게 된다. 오늘날 기업에서 요구하는 능력은 문제를 설정하고 해결 방안을 제시하는 것이다. 문제 발생 후에 원인을 찾으려고 많은 시간을 허비하는 것보다도 업무 시 다양한 각도로 사물을 보고 문제 원인을 먼저 생각하고 문제 발생 이전에 원인을 제거하는 행동은 스스로 일을 찾아서 행할 때 나오는 것이다. 주어진 일을 잘하는 사람은 주변에 많다. 그러나 스스로 일을 찾아 실행하는 사람은 적다.

스스로 일을 찾아라. 그것이 당신의 경쟁력이다.

(7) 역량 강화를 위해 스스로 학습

본인의 역량 강화를 위하여 시간을 많이 투여해야 한다. 이를 위해 기술 연구원과 많은 대화를 나누며, 구매자 회사의 연구원과도 소통의 시간을 갖도록 해야 한다. 때로는 업계 전문가와 상담, 전문 서적의 독서, 세미나 참관으로 부족한 지식을 채우면서 역량을 향상시키도록 노력해야 한다.

영업사원은 경제지표(유가, 환율, 금리)에도 관심을 두어야 한다. 경제지표를 보면 미래 기업 환경에 대한 예측이 가능하다. 비록 정확한 시기는 모르지만, 추세가 어떻게 변할지 예측 가능하다. 유가는 기업의 제조비용과 직접 연관성이 있고, 환율은 기업의 수출 경쟁력에 영향을 주며, 원료 수입 시 비용과 연계되고, 경쟁사 제품의 국내 진입 시 가격 경쟁력의 척도가 된다.

금리의 향방에 따라 경기가 위축되기도 하고 경기가 활성화될 수 있다. 시장 전문가는 시간이 흐른다고 얻을 수 없다. 폭넓은 지식과 사고를 얻기 위해 많은 호기심을 갖고 많은 시간과 노력을 투여해야 비로소 시장에서 전문가로 인정받는 것이다. 스스로 성장을 위해 학습하라.

2-2) 영업사원의 4가지 금기 행동

영업사원은 다수의 사람들과 접촉을 하며 업무를 수행한다. 이 과정에서 잘못된 행동으로 인해 고객과 조직에 선한 영향력보다 나쁜 영향력을 주는 경우가 있다.

(1) Special Pleading
(2) 문제 상황 회피
(3) 꼰대 같은 선배
(4) 고객의 무리한 요구 수용 (가출, 미출)

이런 행동은 결과적으로 회사에 악영향을 크게 미치기 때문에 반드시 금기시되어야 하는 행동이다.

(1) Special Pleading

남을 설득하기 위해 자기에게 유리한 주장만 하는 행위다. 상대 말을 경청하기보다 자기에 유리한 주장만 하는 행위로서 주로 외교 분쟁 시 외교관들이 하는 행위다. 영업은 고객과 회사 입장을 고려하여 때로는 합리적인 중재를 해야 한다.

또한, 사내에서 많은 부서 기술 연구소, 생산 현장, 물류팀 그리고 관리 부문과 업무 조율이 필요한 경우가 많다. 이때 영업입장에서 일방적인 주장을 하기보다 상대의 입장을 고려하여 문제 해결 방안을 제시해야 한다.

무조건 목소리를 높이고 일방적 주장을 하는 영업사원도 있다. 이런 직원은 시간이 흐를수록 조직과 시장에서 그 누구에게도 환영을 받지 못하고 기피 대상이 된다.

영업행위를 위해 목소리를 높이고 일방적 주장을 하기보다는 우선 상대의 입장에서 경청하고서 합리적 방안 제시를 위해 협의하는 모습을 보여 주도록 하라.

(2) 문제 상황 회피

영업을 수행하면서 원치 않게 문제가 발생하는 경우가 있다. 품질 Claim, Claim 보상, 물류 배송의 오류, 잘못된 상황 전달로 인한 오해와 갈등 등 다양한 문제가 발생한다. 특히 금전적으로 회사에 손실이 발생하는 경우 책임 추궁이 두려워서 문제 상황을 회피하려는 경향도 나타난다.

영업은 상황이 한 번에 완료되는 것이 아니다. 마치 둥그런 원처럼 계속 반복된다. 문제가 발생하면 우선 원인을 파악해서 해결해야 한다. 그래야 동일한 실수가 발생하지 않는다.

만약 누군가의 부주의한 행동으로 발생한 문제면 문제 당사자가 문책을 받아야 동일한 문제가 다시 재발하지 않는다. 그 과정에서 문제 당사자와 인간적 갈등이 발생할 수 있으나 그것은 작은 갈등에 불과하다. 고객과의 갈등 해결이 가장 최우선으로 다루어져야 한다. 문제 상황을 피하지 말고 적극적으로 받아들여라. 그것이 영업사원의 숙명이다.

(3) 꼰대 같은 선배

시간이 흐르면서 조직에서 젊은 신입 직원이 충원되어 본인의 의지와 상관없이 선배가 된다. 꼰대란 권위적인 사고를 가진 어른을 비하하는 말이다. 직장에도 후배들이 생각하는 꼰대같은 선배가 존재한다. 꼰대 선배의 특징은 다음과 같다.

① 적게 듣고 많이 이야기하고, 자기 견해만 옳다고 주장한다.
② 함부로 부하직원에게 반말을 한다.
③ '예전에는 말이야'라는 과거 무용담을 즐긴다.
④ 개인의 사생활을 참견한다.
⑤ 지위나 학벌 재산을 드러내며 과시한다.

선배 입장에서 보면 후배들의 사고와 행동이 부족할 수 있다. 그러나 후배가 선배들을 존중하고 따르려면 강압에 의한 방법보다 선배의 행동을 보고 따르게 하는 것이다.

참견과 Feedback은 전혀 다르다. 참견은 행동을 하는 데 일일이 간섭하고 통제를 하는 행위고 Feedback은 진행되는 행동이나 일에 관하여 반응의 결과를 알려주는 것을 의미한다. Feedback은 동일한 업무 진행 시 보다 나은 판단과 행동을 하는 데 도움을 줄 수 있는 행위다.

꼰대 같은 선배보다는 후배에게 업무를 하는 데 무언가를 배울 수 있는 Role model 같은 선배가 되어야 한다. 이런 선배를 후배들이 존중하고 따르는 것이다.

(4) 고객의 무리한 요구 수용 (가출, 미출)

흔치 않지만, 고객이 무리한 요구를 할 경우 수용해서는 안 된다. 예를 들면 고객의 요청에 의한 가출과 미출 행위다.

- 가출: 제품이 출고되지 않은 상태에서 계산서 발급
- 미출: 제품은 출고되었으나 계산서 미발행

이런 행위는 당장은 문제가 발생하지 않겠지만, 후에 문제가 될 수 있다. 고객이 요구를 하더라도 회사의 전산 처리상 어렵다고 상대방을 잘 설득하여 원칙을 준수해야 한다.

앞서 언급한 것처럼 영업사원은 회사가 제시한 영업사원이 해야 할 행동과 금지해야 할 행동을 준수하면, 자연히 개인의 역량을 향상되고 이를 바탕으로 기업의 성장과 혁신을 도모하면서 시장에서 인정을 받고 시장 전문가로 성장한다. 그 결과물로 좋은 영업실적을 얻는다.

공부를 열심히 안 하고 원하는 대학에 갈 수 없고, 개인 노력이 없는 상태에서 좋은 성과와 대우를 받을 수 없다. 남들과 같이 평범한 삶을 원하는 사람이라면 남들 만큼만 해도 상관없다. 그 분야에서 최고의 전문가로 인정받고 싶다고 하면 많은 자기계발과 역량 향상에 노력과 시간을 투여하라.

가난한 사람은 돈에 지배를 받지만, 부자는 돈을 지배하는 것과 마찬가지다. 실적에 지배받지 말고 변화와 혁신을 바탕으로 시장을 지배하는 영업사원이 되라.

3) 상하 간 자율적 사고의 교환 분위기 조성

우수사원 양성을 위한 회사가 마련해야 하는 마지막 방안이다. 사람은 태어나면 바로 대화를 시작한다. 대화는 3단계 과정을 거치며 진화한다. 단계마다 다른 형태로 대화를 한다.

1단계는 일방향 대화 방법이다. 아이는 태어나서 엄마를 향해 배고프다고 울고, 불편하다고 울고, 만족한다고 웃으며 자기의 요구를 표출한다. 자신의 의사를 전달하는 일방향 대화 방법이다.

2단계는 양방향 대화 방법이다. 아이가 자라서 학교라는 조직생활을 하면서 공동생활과 교우관계 유지를 위한 협의의 대화 방법을 사용한다. 양방향 대화 방법이다.

3단계는 다자간 대화 방법이다. 사회에 진출하면서 사회와 조직 구성원으로서 다른 방식으로 대화를 하는데 이때 대화는 다자간 대화다. 조직의 구성원은 다양한 사람들로 구성되어 있고, 구성원마다 사고와 행동방식이 다르다. 조직이 어떤 일을 지향해서 나아갈 때 조직 구성원은 대화를 통해 서로 다른 의견을 먼저 나누고 합리적 방안과 최선의 안을 선택하도록 노력한다. 이때의 대화는 다자간 합의를 전제로 한다.

다자간 대화는 어떻게 대화를 해야 할까? 사람마다 다양한 답을 제시하겠지만 오랜 직장생활에서 깨달은 것은 소통과 자기계발이다. 소통의 사전적 정의는 뜻이 서로 통하여 오해가 없음이다. 그럼 소통을 잘하기 위해 무엇부터 해야 할까? 바로 경청을 잘해야 한다. 경청은 상대방의 의견을 잘 듣는 행위를 말한다. 많은 사람들이 '소통을 잘한다'고 말을 하지만 주변에서 평가는 오히려 불통이라고 한다.

직급이 높을수록 부하직원에게 이런 평가를 듣는다. 왜 그럴까? 상대방과 의견을 교환 시에 상대방 의견을 경청하지 못하거나 상대방의 다른 사고를 이해하려고 하지 않기 때문이다. 이러한 분위기에서 회의는 절대로 자유로운 의사소통 교류가 안 되고 회의 주관자만 이야기하고 결정하는 일방향 대화로 전락하고 만다.

자유로운 분위기에서 창의적 사고가 교류된다. 상사의 역할은 유연한 사고로 비록 나와 다른 의견에 있어도 뭐라고 단정하거나 부정하지 말고 상대방이 왜 그렇게 생각하는 이유를 질문을 통해서 관찰하면 된다. 질문을 받은 상대방도 많은 질문을 받으면서 사고의 성장을 이룰 수 있고 다른 참여자도 이러한 회의를 통해 사고가 성장한다. 모두가 참여하여 자유롭게 의견을 표현할 수 있는 분위기를 제공해야 한다.

유연한 사고란 나의 의견도 틀릴 수 있다는 것을 전제로 다양한 의견을 듣고, 그 과정에서 내 생각보다 합리적이거나, 실용적 의견이 있을 때 수용하는 것이다.

2. 영업활동을 저해하는 회사의 정책과 행동

다수의 기업이 성장을 간절히 원하나, 반면에 영업활동을 저해하는 정책이나 행동을 한다. 그 행동은 다음과 같다.

(1) 관행적 조직 변경

(2) 비전문가가 관리

(3) 경험과 전문성을 무시

(1) 관행적 조직 변경

관행적 조직 변경이란 많은 기업이 연말연시에 중역과 간부급 인사승진과 조직을 변경한다. 승진과 조직을 변경하는 의미는 변화와 혁신을 통해 더욱 향상된 성과창출을 기대한다는 의미이다. 이러한 기대와 다르게 오히려 인사권자의 잦은 조직 변경은 전체 구성원에게 오히려 많은 혼란을 야기한다.

조직이 바뀌면 기존 정책에 변화가 필연적으로 나타나고 자주 바뀔수록 기업의 장기 정책 추진이 불가능하다. 새로운 정책이 조직에서 뿌리를 내리려면 최소 2년 이후에 영향이 서서히 나타나기 시작한다. 영업 중역의 경우 그 영향력은 매우 크게 나타난다. 커다란 과오가 없는데도 불구하고 관행적인 조직 인사를 하는 경우 문제가 나타날 수 있다.

첫째는 영업사원들이 불안해하고 혼란스러워 하여 영업 방향성을 상실하고 점차 수동적 조직으로 변한다. 이런 조직의 불안 상태가 오래되면 영업사원의 이직 현상이 나타나고, 기업의 성장 동력을 잃어버린다.

둘째는 시장에서 이런 인사 정책을 매우 부정적으로 바라보고 수요자 입장에서 공급자의 영업정책 변화와 구매자와 공급자 간 신뢰 관계의 영향을 염려한다. 공급자의 영업조직이 불안하다고 판단되면 공급자 전환도 고려한다.

셋째는 경쟁자 입장에서는 상대의 불안한 상황을 활용하여 시장을 장악하기 좋은 절호의 기회이다.

이처럼 관행적 조직 변경은 최종 인사권자 원래 의도와 다르게 장기적 회사 정책을 펼칠 수 없고, 조직 구성원과 고객에게 혼선을 줄 가능성이 높은 반면 경쟁자에게 유리한 상황을 제공한다. 최종 인사권자는 이런 점을 감안하여 관행적 조직 변경은 최대한 지양해야 한다.

(2) 비전문가가 관리

비전문가가 관리하는 경우다. 최종 인사권자가 영업을 전혀 안 해 본 임원을 영업임원으로 인사발령 내릴 경우 많은 문제가 발생한다. 해당 임원은 종래에 근무했던 근무 환경에서 관리, 기술 사고를 중심으로 판단과 행동을 영업현장에도 적용하려고 한다.

이러한 행동은 부분적 개선은 가능하지만 커다란 영업전략을 수행하기에는 한계가 있다. 때로는 영업을 장려하기보다 영업행위를 제재하는 방향으로 전개되기도 한다. 영업비용 절감(접대비 축소), 영업 운행차량 통제 등 비용 절감 면에서 새로운 정책을 내놓기도 하지만 이러한 행위는 영업사원의 사기를 저하하고 의욕을 상실하게 만드는 행위다. 통제적 상황이 길어지면 길수록 영업사원의 스스로 일을 하고자 하는 마음은 없어지고 결과는 좋지 않게 나타난다. 영업은 시장으로부터 이익을 창출하는 조직이다. 100의 비용을 사용하고 10,000 이상의 이익을 만드는 조직이 되도록 해야 한다. 10의 비용절감을 위해 영업사원의 의욕을 상실하게 만들고 이익을 축소하는 결정을 해서는 결코 안 된다.

비전문가 영업임원이 거래선을 방문하는 경우 대부분 기존의 거래선을 방문한다. 전형적 관리영업의 형태다. 기존 조직을 활용하여 시장 유지는 가능하나 영업의 리더로서 새로운 목표를 제시하고 성장을 이끌어 나가기에는 한계가 있다.

영업리더가 해야 할 가장 주요한 역할은 바로 개발영업 즉 미래 먹거리를 발굴을 위한 행위다. 잠재고객을 방문하여 전략적 제휴를 제안하고 새로운 시장을 발굴해야 한다. 만약 리더로서 현업을 모르면 한계가 존재하는데 특히 성장을 위해 무엇을 우선시해야 하는지 모르는 상태에서 바른 의사결정을 내리기가 어렵기 때문이다. 동일한 사항에 대해 각기 다른 상황 보고를 받을 경우 중심을 잡고 바른 판단을 내리기 어렵다. 이처럼 현업을 모르면서 미래의 성장 동력을 찾는 것 자체가 무리다.

영업현장에서 엄청나게 집중하며 일을 하는 리더가 독립적 사고를 갖출 경우 미래 먹거리를 찾을 가능성이 높다.

시장에서 발생하는 경쟁자와 충돌, 고객의 불만, 잠재적 경쟁자의 진입 등 많은 문제를 해결하면서 그 과정에서 독립적 사고하에 새로운 것과 미래의 먹거리를 발견해야 한다. 현업을 모르면 '무엇이 핵심인지 무엇이 부차적인지, 어떤 것을 먼저 처리해야 하고 어떤 것을 후처리해야 하는지'를 판단하지 못한다.

영업임원의 주요한 역할은 바른 의사결정이다. 비전문가가 관리할 경우 의사결정이 어려워서 때론 부하직원에게 의사결정을 하라고 한다. 이 경우 부하직원은 비전문가 영업임원과 소통에 어려움을 느끼고, 대화를 통하여 설득하고 이해시키는 것이 어렵다고 판단할 경우 소통을 멈추거나 새로운 제안을 멈추고 복지부동 상태가 된다. 비전문가가 관리하는 것은 마치 전쟁 중에 무관이 전쟁 수행을 하는 것이 아니라 문관이 전쟁 수행을 하는 것과 같다. 전투 경험이 없는 문관이 전쟁 수행을 한다고 하면 전쟁에서 승리할 수 있을까? 이 책을 읽고 있는 최고경영자분들이 있다면 심사숙고하시길 바란다.

(3) 경험과 전문성을 무시

경험과 전문성을 무시하는 경우다. 현장에 강한 영업임원은 경험과 전문성을 갖추고 있다. 업무를 완벽하게 장악하며 일의 맥이 무엇인지 파악하고 효율적으로 운영한다. 때론 부하직원과 질문을 통해 현장에 방문을 안 해도 상황 파악이 가능하고, 적절한 인재를 발탁하고 문제의 현장에 투여하여 문제를 해결하고, 그 분야에 맞는 인재를 육성하고, 영업 구성원에게 격려와 질책을 통해 일하고자 하는 분위기를 갖게 하고 영업 부분을 뛰어넘어 기술과 생산에까지 선한 영향력을 확산시킨다.

현장에 약한 영업임원은 현장과 동떨어진 비현실적인 요구를 하여서 영업현장을 힘들게 하고, 구성원의 의욕을 무너뜨리며, 직원의 능력을 제대로 파악하지 못하기 때문에 표면에 비치는 성과와 월급의 인상, 친분 관계에 의존하게 되고, 오히려 현장을 잘 파악하고 있는 중간 관리자를 그 분야에서 배제하기도 한다. 업무 장악이 안 될수록 구체적 지시가 없고, 무엇을 물어봐야 하는지 잘 모르기 때문에 질문도 적다. 이런 영업활동을 지혜하는 3가지 행동이 기업 성장을 방해하는 행위다.

잘못된 회사의 정책과 현상이 발생하면 우수 역량을 가진 5년 차에서 10년 차 핵심 인력이 먼저 스스로 미련없이 회사를 떠나 버린다. 여러분 회사에서 우수 핵심인력이 이탈을 많이 한다고 하면 회사 내부에 잘못된 것은 없는 것인지 주의 깊게 살펴봐야 한다.

진정으로 성장과 미래 먹거리를 원한다면 전문가가 영업을 관리하고 관행적인 조직 변경을 지양하며, 경험과 전문성을 존중할 때 비로소 변화와 혁신을 하기 위한 기업의 분위기가 조성된다. 기업을 운영하는 최고경영자는 이점을 주의해야 한다.

3. 유능한 리더가 선호하는 부하 유형

누구나 우수 역량을 갖춘 부하를 선호한다. 리더에 따라 선호하는 유형이 다르기도 하다.

질의사항

Q1: 상사가 선호하는 부하직원 유형은 누구일까?

Q2: 상사가 선호하는 부하직원이 항상 옳을까?

Q3: 상사가 선호하지 않는 부하직원은 과연 어떨까?

대부분 상사가 선호하는 부하직원의 유형은 Good Result와 Good Follower다. 즉 좋은 성과를 내는 직원과 상사를 잘 따르는 추종자를 선호하며 이들에게 후한 인사고과를 준다.

그럼 다시 생각해 보자. 상사가 의사결정을 할 경우, 항상 명령을 따르는 것이 올바른 부하직원의 행동일까? 통상적으로 명령을 따르는 것이 올바른 부하직원의 행동이다.

그러나 경우에 따라서는 명령을 따르지 않는 것도 올바른 부하직원의 행동이라 할 수 있다. 그것은 바로 상사의 의사결정이 바른 결정이냐 또는 잘못된 결정인가에 따라 달라질 수 있다.

(1) 상사가 바른 의사결정을 하는 경우

상사가 바른 의사결정을 하는 경우 부하직원은 반드시 결정에 따라야 좋은 결과를 얻을 수 있다. 삼국지에서 유비가 죽고 나서 제갈공명이 북벌을 진행하고자 위나라를 1차로 침공하였을 때 부하 마속에게 관중과 양주를 잇는 가정 지역에서 산 밑에서 진을 치고 위나라 원군의 진입을 막으라고만 지시를 하였다.

제갈공명은 적의 주력을 분산시키기 위해 마속이 가정 지역의 산 밑에서 막고 있으면 본 군이 전쟁을 수행하는 데 유리한 상황이었기에 이렇게 명령을 한 것이다. 일반적으로 병법에서는 적에게 들키지 않고 기습공격을 하기 위해 산속에서 진을 친다. 마속은 제갈공명의 명령을 거역하고 산속에 진을 쳐서 고립되어 전황이 역전되었다. 결국 촉나라 본군은 퇴각하게 된다. 이것은 부하직원 잘못된 행위의 전형적 모습이다.

(2) 상사가 잘못된 의사결정을 하는 경우

반면 상사가 잘못된 의사결정을 하는 경우를 살펴보자. 상사의 잘못된 결정을 따르는 부하직원이 조직과 상사를 어렵게 만들고, 상사의 결정을 어기는 부하직원이 조직과 상사를 오히려 이롭게 할 수 있다.

임진왜란 때 육지에서는 왜군에게 밀려 계속 패배를 하였으나 해상에서는 조선 수군 이순신 장군의 탁월한 전략과 전술하에 열세인 전력에도 불구하고 일본에 연전연승을 거두었다. 조정에서는 상황을 착각하여 이순신 장군에게 부산포를 점령하라는 명령을 내렸지만, 승산이 없다고 판단하여 거부했다. 이에 조정은 관직을 박탈하고 원균 장군을 수군통제사로 임명하게 된다.

원균 장군은 조정의 명을 받들어 조선 수군 160척을 이끌고 부산포 공격을 시도하였지만 칠천량 해전에서 전멸을 당한다. 조선의 임금 선조의 잘못된 명령을 받고 이를 따르는 원균 장군에 의해 조선은 위기를 맞게 되었다. 잘못된 선조의 명령을 거부한 이순신 장군이 오히려 조선을 살리는 최선의 행동이었다.

여러분은 어떠한 리더인가? 유능한 리더는 바른 의사결정을 하지만 때로는 잘못된 의사결정도 할 수 있다고 가정하고 문제 해결을 위해 다양한 방안을 마련하려고 노력한다.

나의 잘못된 결정을 방지를 위해 좋은 부하직원은 누구인가?

- 다른 의견을 제시하는 부하직원
- 위험을 사전에 제거하고 바로 잡는 부하직원
- 불이익을 감수하고도 다른 의견을 제시하는 부하직원
- 잘못된 의사결정을 거역하고 시정하려고 노력하는 부하직원

경험이 오래되고 지위가 높을수록 스스로 최고라고 생각하고 오만에 빠져 실수를 하기도 한다. 아무리 유능한 사람도 실수를 할 수 있다.

어리석은 상사는 나의 부족함을 알려주는 부하직원을 경쟁자나 적으로 생각하고 지위를 이용하여 제거하고 많은 직원들에게 충성을 강요한다. 그 과정에서 오히려 유능한 인재가 조직을 떠나 버린다. 충성은 강요

하는 것이 아니라 부하직원이 배울 것이 있다고 느끼고 상사에게 스스로 존경심을 가질 때 충성하는 것이다.

상사와 부하직원의 관계는 젓가락과 같다. 젓가락은 두 개가 하나일 때 제대로 된 역할을 할 수 있다. 만약 하나가 없다면 다른 하나는 쓸모가 없는 것과 같은 이치다. 현명한 상사는 나의 부족함을 알려주는 부하직원을 아끼고 우대한다.

잘못된 의사결정을 알려주는 부하직원이 진정으로 오만에 빠진 나에게 소중한 인재이기 때문이다. 이런 행동은 신념과 용기가 없이는 불가능하다. 이런 부하직원이 진정으로 나의 부족함을 채워 주는 빛나는 보석과도 같은 부하직원이다.

열정적 영업사원들과 함께
여러분들의 꿈을 이루기를 기원한다.

Coming soon

———

이후 개정판을 통해
영업전략 수립방안에 대한 내용을 추가로 다룰 예정입니다.

9장

영업전략
수립방안
(개정판)

맺음말

31년간 회사생활을 마감하고 사회에 나와서 무엇을 할까 고민하던 중 후배들이 나의 영업 경험을 바탕으로 변화와 혁신을 위한 강의 또는 책을 쓰면 누군가의 영업활동에 도움이 된다고 권유하여 집필을 시작하게 되었습니다.

현장에 근무 시 해외영업, 자재, 해외법인, 국내영업을 총괄하면서 많은 영업현장에서 1,500개 이상의 업체를 만났고 이 과정에서 많은 실패 경험을 통해 성장을 이루었습니다. 현재 B2B 영업전략에 관한 전문 책도 없고, 실전을 바탕으로 한 전문 강좌도 없는 상황입니다. 변화와 혁신을 통해 성장을 희망하는 기업 경영자와 영업 종사자분들에게 실제 영업현장에서 발생하는 상황과 사례를 통해 다양한 대응 방안을 제시하였습니다. 이 책이 제공하는 간접적인 경험을 통해 영업현장에서 보다 합리적 판단과 바른 의사결정에 도움이 되었으면 희망합니다.

영업의 폭이 워낙 넓고, 제품의 분야도 다양합니다. 큰 틀에서 성장을 위한 신시장, 신제품 개발에 대한 회사적 합의와 전략방안 및 영업사원 역량 강화를 위한 구체적 방안을 제시하였지만, 독서 대상자와 분야에 따라 내용이 부족하다고 생각합니다. 여건이 허락한다면 IT 업계에서 자료를 업데이트하듯이 개정판을 통해 기업 여건에 따른 다양한 영업전략 수립방안, 신제품에 대한 시장접근 전략, 연구소와 협업 확대 방안 등 다양한 사례를 가지고 여러분에게 다시 찾아뵈려고 계획하고 있습니다.

이 책을 빌려서 애경화학에서 고정된 틀이 아닌 자유로운 방식으로 시장에 접근하도록 도와 주신 선배님들, 책을 무사히 집필하도록 많은 조언을 해 주신 렛츠북 류태연 대표님, 저의 가족과 후배들에게 감사의 말을 전합니다.

REBUILDING

B2B
영업전략

초판 1쇄 발행 2022년 07월 06일
초판 2쇄 발행 2023년 04월 10일

지은이 김한균
펴낸이 류태연

펴낸곳 렛츠북
주소 서울시 마포구 양화로11길 42, 3층(서교동)
등록 2015년 05월 15일 제2018-000065호
전화 070-4786-4823 | **팩스** 070-7610-2823
이메일 letsbook2@naver.com | **홈페이지** http://www.letsbook21.co.kr
블로그 https://blog.naver.com/letsbook2 | **인스타그램** @letsbook2

ISBN 979-11-6054-559-3 (13320)